人文社科

十万个为什么

主编

李伟国

经 济 学

本册主编

杨建文

编写人员

胡晓鹏　李　伟　陆军荣
俞晓晶　曹永琴　刘　亮

华东师范大学出版社

·上海·

图书在版编目（CIP）数据

十万个为什么：人文社科版.经济学／杨建文等主编.—上海：华东师范大学出版社，2015.7
ISBN 978-7-5675-3972-3

Ⅰ.①十… Ⅱ.①杨… Ⅲ.①人文科学—青少年读物②经济学—青少年读物 Ⅳ.①C49②F0-49

中国版本图书馆CIP数据核字（2015）第184482号

人文社科·十万个为什么

经济学

主　　编　杨建文
项目编辑　宋坚之
审读编辑　夏　玮
责任校对　时东明
插图绘制　袁　帅
装帧设计　宁成春

出版发行　华东师范大学出版社
社　　址　上海市中山北路3663号　邮编 200062
网　　址　www.ecnupress.com.cn
电　　话　021-60821666　　行政传真 021-62572105
客服电话　021-62865537　　门市（邮购）电话 021-62869887
地　　址　上海市中山北路3663号华东师范大学校内先锋路口
网　　店　http://hdsdcbs.tmall.com/

印 刷 者　常熟市文化印刷有限公司
开　　本　890×1240　32开
印　　张　9.5
字　　数　224千字
版　　次　2018年1月第1版
印　　次　2021年1月第3次
书　　号　ISBN 978-7-5675-3972-3
定　　价　36.00元

出 版 人　王　焰

总　序

李伟国

上世纪 60 年代由少年儿童出版社出版的主要以小学生为读者对象的《十万个为什么》，是一套传播自然科学知识的科普读物，对小读者的影响深远；但在人文社会科学领域，至今尚缺乏系统、精当的类似读本。华东师大出版社试图填补这一空白，着手打造一套向中学生普及人文社科知识的新的品牌图书，这是一件好事情。

作为一个系列，这套书涵盖了人文社科的主要领域，近期将出版的即有中国历史、世界历史、中国文学、世界文学、哲学、经济学、法律、心理学、音乐、美术等分册，可以让中学生比较全面地了解和学习人文和社会科学领域的基本知识。

我们认为，中学生是一个很大的群体，各个年级，乃至每个孩子的阅读兴趣和理解能力都存在差异，他们对知识的渴求度也不尽相同。大人常常会低估孩子而过于强调青少年读物的趣味性。直觉的趣味对孩子（也包括一般读者）自然有吸引力，但有时图书中适度的"理论"甚至"学术"的表达会让年轻而好学的读者正襟危坐，产生对学问的敬畏感和获得较深程度知识的快感。让孩子们的阅读面和所接触的知识稍稍超出自己的学业水平甚至年龄段，是培养其兴趣，激发其更上一层楼的求知欲望的有效途径。基于这一想法，我们在策划这套丛书时，既注意照顾中学生以及中等文化程度读者的阅读兴趣，又着力体现各学科框架体系的完整性，均衡分布其主要的知识点。比如经济学分册中含有微观经济学、宏观经济学、政治经济学、国际贸易、金融学、管理学等内容；美术分册中讲述了绘画、书法、雕塑、篆刻印章、工艺美术设计等知识；中国历史和世界历史分册则按照时序，介绍各时期、各民族和地区对历史发展的进程发生过重要影响的事件和人物……当然，本套丛书不同于传统的教科书和"小百科"之类的工具书，它以一问一答的形式提取并讲解各学科的基本知识点；由于篇幅所限，丛书各分册中只含两三百道题，自然不是面面俱到，也远未能反映相关学科知识的全貌。如小读者在阅读中产生联想，希望求得更多的相关知识，可以继续查找其他图书和资料作进一步探究，而这也是我们编写这套书的目的之一。

这套丛书的作者，主要为国内研究机构和高校相关学科（如中国文学分册为南京大学中文系，世界历史分册为上海师范大学历史系，经济学分册为上海社科院经济研究所，心理学分册为华东师范大学心理学系，法律分册为华东政法大学等）的研究人员。他们熟稔本学科的知识架构，具有准确并深入浅出地讲解这些知识的能力，因而保证了书中内容的科学性、准确性和客观性。

可以想象，读者阅读这套书时，大多是先浏览目录中的设问，找到自己感兴趣的问题，然后再翻阅相关的解答；如果他在读完这些内容后觉得有意思，则可能会从头开始阅读全书。所以，我们对书中设问的设计倾注了大量的心力，力求让每一道题都能化虚为实、以小见大、问在点子上，或能从一个吸引人的事例和现象切入，较自然地引出要介绍的知识。至于正文中的解说文字，我们追求的是准确、通俗、流畅、有一定的可读性，在行文中注意借助举例、比喻、讲故事等手法，让读者能在轻松阅读中汲取知识。

如前所述，目前图书市场上向青少年讲解人文社科知识的普及类读物还很缺乏，我们这套容量有限的丛书，想必难以充分满足小读者的求知欲望；而且，由于我们的水平和能力所限，书中的内容表述可能也难尽如人意。我们不奢望每位读者都既能从本套丛书中获得知识，又由此激发起对某一学科的浓厚兴趣；但我们想，也许有读者从书中一条或若干条"为什么"开始，能找到某个求知的起点或触发点，有如发现一把小钥匙，可用它来开启自己心灵上通向人文社科知识殿堂之窗，能欣赏到殿堂内的美丽风光，由此扩大视野，增长见识。若能如此，作为出版人，吾愿足矣。

本册序

让经济学回归活生生的现实生活

杨建文

上海社会科学院应用经济研究所研究员

十 人
万 文
个 社
为 科
什
么

收到出版社邀请撰写《人文社科·十万个为什么》丛书的经济学分册的时候，第一个念头是很有意义，于是欣然应允；第二个念头是如何用生动浅显的语言来书写，要知道在我国，经济学通常是到大学阶段才设立的科目，对于大多数大众读者尤其是中学生而言可能过于深奥；而第三个念头又让我释然，因为经济学实际上是最贴近日常生活的一门社会科学，甚至可以说经济学本身就是日常生活。

那么，经济学到底是什么呢？从理论上来说，经济学是研究如何配置资源的学科。但从日常生活来说，经济学是研究如何才能用10元钱买到自己想要的、尽可能多的东西；如何才能有效地分配放学后5个小时的时间，做完、做好自己想做的事情。总而言之，就是如何才能用有限的投入，获得更多的收益。因此，经济学对现象的解释范围实际上已经超出了"钱"的范围，也比政治课上学到的剩余价值理论要生动，要有灵气——不仅可以解释"为什么钻石比水贵"，而且可以解释"为什么兔子爱吃萝卜，而老虎爱吃肉"。所以可以说，美好的现实生活与高深的经济学理论之间的差距仅仅在于多问几个"为什么"。

随着学科的发展，经济学的科学性和体系性逐渐得到增强，在微观经济学和宏观经济学两个领域已经形成了相对独立的系统，并在此基础上发展出许多经济学分支。因此，本书的条目设计涵盖了微观经济学、宏观经济学、政治经济学、金融学、发展经济学、区域经济学、国际贸易理论、管理学与统计学等学科中重要的、基础性的知识点。我们不追求全面系统的经济理论介绍，而是希望能够通过简短而生动的案例，传递这些知识，让经济学重新回归到活生生、有灵气的现实生活中，让大家了解经济学、喜爱经济学。

感谢本丛书总主编李伟国先生的邀约，让我们有机会将经济学进一步通俗化；感谢华东师范大学出版社的编辑们在讨论过程中的思想碰撞，让本书的内容更加精彩和生动。

是为序。

目 录

微 观 经 济 学

宏 观 经 济 学

政治经济学

金融学

国 际 贸 易 理 论

发 展 经 济 学

区 域 经 济 学

管　理　学

统 计 学

微 观 经 济 学

1 为什么人们总是把市场称为"看不见的手"？

经济学中所称的"市场"并不单单指代有形的商品交易场所，如我们生活中随处可见的菜场、商场、集贸市场、家具市场等，它更多地代表着一种功能和作用。那么，市场到底有怎样的功能呢？经济学告诉我们，市场就是一个跷跷板，两头分别是买东西的人和卖东西的人；一旦两类人买卖的数量不一样了，跷跷板就会失去自身的平衡。在这里，某种商品的供货与需求数量相等时，市场就会给出一个保证双方可以发生交易的价格，经济学上称之为均衡价格。反过来，如果这个价格突然提高了的话，卖东西的人当然是高兴了，他们一高兴就会多生产一些商品去卖；可是买东西的人呢？他们觉得价格贵了，自然就会少买一些。结果又会怎样呢？结果是卖东西的人会有一些商品卖不出去。

很显然，如果他们希望都卖掉的话，就只有一种选择方法——降价，且一直降到某个价格水平让商品供需的数量完全相等，这时候，跷跷板又恢复了平衡。值得注意的是，在调节买卖双方交易行为时，价格发挥了决定性的作用，而这个价格正是在自由、平等的市场上才能够出现；所以，市场就像一只无形的手操纵着这个跷跷板的平衡。

2 为什么理性的经济人不等于自私的人？

在许多时候，人们对于经济学中关于理性的经济人的说法存在认识上的偏差，把理性经济人等同于自私的人。应当说，这一看法是不对的。因为从现代经济学来看，理性的经济人是最为重要的一个分析前提。在这里，我们先来看看理性的意思。所谓理性，就是对事物准确的判断与推理能力。当人被定义为理性的时候，他好比是一个"神仙"，比如，他有着超凡的知识、卓越的计算能力和对未来的准确判断力。那么，什么是经济人呢？这里的经济人可不是那些做中介的"经纪人"，而是懂得最优化自己经济目标并作出合理决策的人。很明显，理性的经济人是一个期望追求目标最大化，而且完全能够实现自己想法的人。

现在，我们必须指出的是，如果我们把自私定义为只考虑自己而不考虑别人的想法或行为的话，那么，每一个人都成为理性的经济人之后，就不可能再出现自私。这又是为什么呢？原因很简单，假如某个经济人只考虑自己，而不考虑别人，结果会如何呢？当然是别人都不与他合作共事，他也就无法实现目标最大化，这将给其带来巨大的利益损失，这也表明他不属于一个理性的经济人。再如，我们经常看到许多人在买卖东西，你想一想，买方如果只想着自己的话，他就会出很低的价格，可这个价格对卖方来讲是无法接受的，结果生意做不成，买方的目标最大化也就无法实现。这对于买方而言，实际上也是一笔损失。

3 既然"时间就是金钱"，为什么穷人愿意等公交，而富人愿意开车或打车呢？

关于时间，19世纪英国著名的博物学家托马斯·赫胥黎曾谈道：

"时间最不偏私，给任何人都是 24 小时；时间也最偏私，给任何人都不是 24 小时。"这句话前半句的意思是显然的，后半句的意思可以这样理解：每个人每天都必须花或长或短的时间去完成睡觉、吃饭之类不可或缺的事，每个人对时间的运用又存在效率高低的差别。因此，同样的一天内，时间所体现出来的价值是颇为不同的。

　　大多数人恐怕都没有认真计算过 1 个小时的价值，而美国三大"国父"之一——本·富兰克林却这么做过。某日，他正在准备文稿，一位年轻的顾客走进他的书店，拿起一本书，并向店员询问价格。店员回答说："1 美元。"顾客问店员："能否便宜些？"店员坚持说："书的价格就是 1 美元。"

顾客说:"我想见书店老板——富兰克林先生。"于是在书店后面房间的富兰克林走了出来。

顾客问:"富兰克林先生,这本书多少钱?"

富兰克林说:"1美元15美分。"

顾客吃惊地说:"刚才,店员还说只卖1美元呢。"

富兰克林说:"如果你刚才从他那儿买了,我可以1美元卖给你;可是我正忙着呢,你却把我叫了出来。"顾客坚持道:"富兰克林先生,您到底最低可以多少钱卖?"

富兰克林说:"1美元50美分。我们讨论的时间越长,你浪费我的时间就越多;而我卖给你的价钱就越贵。"最后,顾客诚服地掏出了1.5美元。

富兰克林对时间的估值,与经济学中"机会成本"的概念颇为相似。简单地说,假如你在某一时刻作出的选择是你认为最好的,那么你所能做的第二好选择的价值就是你的机会成本。面对白驹过隙似的光阴,富兰克林先生有足够的理由向打扰他工作的顾客索取时间的价值——机会成本。同样就不难理解,富人为了节约自己的时间而开车、打车,往往是因为公交车太慢,乘公交车的机会成本太高;而开车、打车的支出对于他们的财富而言实在是九牛一毛;简单地说就是"花钱买时间"了。

4 为什么在房价较高的时候,一些开发商还专门预留绿化空间?

在我们的生活中,有时会出现一些看似较难理解的事情,比如,房地产开发商在大兴土木建造房屋的同时,也会预留出一大片土地搞绿化设施。按照常理,用于绿化的土地属于公益建设,是不能买卖的；那么，若在这些土地上也盖房屋的话，不是能够赚到更多的钱吗？那为什么开发商还要将之留作建设绿化呢？经济学中把这种现象叫作"稀缺"。

大家都知道我们每一天都离不开阳光、空气，它们是生命要素，但每个人都不会因为使用它们而支付钱。原因是什么呢？答案就是：这些要素不稀缺。经济学上所说的那些可以用来买卖的东西一定是稀缺的，如果它不稀缺的话，那就一定不值钱。其实，开发商之所以大搞绿化建设，固然与政府的某些要求有关，但更多地是和开发商追求利润最大化的目标相一致。在实际生活中，随着城市建设日趋发展，土地变成了稀缺的要素，所以它很值钱，这或许是房屋价格这几年快速上涨的一个重要诱因。在这种情况下，开发商在有限的土地上再进行绿化建设，既可以提高居住在这类小区的居民的生活质量，也在某种意义上使原本稀缺的土地因为品质的提高而变得更珍稀了，其结果会比在这块土地上多造出的有限的几套房子更加值钱。这就好像有两件一模一样的传世绝品瓷器，因为不慎而打碎了一件，另一件存世品的价值将远远大于两件存在时的价值总和。

5 为什么水比钻石重要，但钻石比水价格更贵？

这是经济学中的一个经典案例。早在 200 多年以前，有一位叫作亚当·斯密（Adam Smith, 1723—1790）的经济学家在他的巨著《国富论》中就提到了这个问题。他说："没什么东西比水更有用，能用它交换的货物却非常有限，很少的东西就可以换到水；相反，钻石没有什么用处，但可以用它换来大量的货品。"如何理解这个问题呢？这里首先有必要说明一下"重要"和"贵"的区别。按照常理，"重要"说的是一种物品的用处，以及这种用处与人们的联系。

比方说，水、阳光和空气是人们生存的必备要素，这些要素与人们的联系简直是密不可分的；因此，水、阳光和空气具有非常大的使用价值。与此不同，"贵"指的是商品价格比较高。那么，为什么有些商品（如黄金和钻石）的价格天生就比较高呢？原因很简单，因为这些东西的数量很少，以至于要想买到这种物品就必须出高价。从这个故事中，我们至少可以明白三个基本道理：一是有用的东西不一定就贵，因为这种东西的数量较多；二是贵的东西并不一定都是生活必需品，比如，有没有钻石并不影响人们的生存，它只是一个奢侈品而已；三是商品的贵重和便宜并非是人为决定的，它是由商品存在的数量决定的。

6 为什么有人愿意拿千金换一杯水？

　　一杯白开水能换千金吗？我想大多数人会认为这是一个笑话，其实不然。让我们想象一下，在炎热的沙漠中，一个行走于其间且迷路的游客，已经一两天没有喝上一滴水了，对他而言，水就是生命得以延续的必备条件。此种情景下，别说千金，就是万金，他也愿意换。经济学中有一个著名的原理"效用决定价格"。在这里，效用就是一个人对获得消费物品的满足程度的主观判断。比如，一个人处于饥肠辘辘的状态，对他而言，吃上一顿最为普通的饭菜所获得的满足感，要比已经吃饱的人再吃上一顿鱼翅或燕窝大餐的满足感要大得多。正是因为心理感觉有着如此之大的差异，我们就不难得出这样的结论，在面对同一类消费物品的前提下，如果消费者可以从中获得更大的满足感，他就愿意支付更高的价格。需要注意的是，这里的价格只是消费者愿意支付的价格，并不是均衡价格，因为我们还没有考虑到供给的因素。事实上，如果把供给因素考虑进来的话，那么，沙漠中的水就可能不值千金了。原因是，当人们知道了到沙漠中卖水可以赚大钱以后，在那里卖水的人就会多起来；结果就会因为供给数量急剧增加，导致水的价格下降。

7　为什么兔子爱吃萝卜，而老虎爱吃肉？

站在不同的角度，我们可以对这个问题作出不同的解释。比如，生物学家的答案是，兔子和老虎的生理结构存在本质差异；动物学家的答案是，它们在进化过程中的适应能力不同；经济学家的答案则是偏好。在这里，偏好就是人们对某些物品的特别喜爱。比如北方人爱吃面条，南方人爱吃米饭；有些人爱喝酒，有些人爱看书，有些人爱收藏，等等。同时，大家还应知道，偏好是经济学中一个非常重要的概念；经济学家不仅关心偏好是如何形成的，也非常关注偏好对行为的影响。比如，一些痴迷于收藏古董的人，他们平时省吃俭用，却不惜花大价钱买一些我们认为"无用"的瓶瓶罐罐——这就是偏好的作用。在现实生活中，面对同一商品，每一个人都会有自己的偏好，但我们要注意的是，偏好可能与习惯有关，但它并不是固定不变的。比如，同样是吃一顿饭，当一个人收入很低的时候，他可能会选择吃一顿价低量大的饭菜；但当他收入提高到一定水平以后，他就可能更喜欢价高质优的饭菜。在这里，人还是同一个人，变化的只是其收入，却导致了对食物喜好较大的改变。

8　为什么中国俗语讲"男怕入错行，女怕嫁错郎"？

在生活中，我们经常会碰到取舍性的抉择，比如，你现在要考大学了，你究竟是报考经济学专业呢，还是报考计算机或其他专业？面对这类取舍性的难题，人们的选择往往非常艰难，因为这可能对你一生都会带来重要的影响，正如俗话说的"男怕入错行，女怕嫁错郎"。大家试想一下，某一位在学术或艺术方面具有天赋的人，如果偶然间选择了进入政府部门做公务员，那么，他在此后所取得的发展成就很可能少了许多。要注意的是，这里的选择不是哪个多一点或哪个少一点的数量问题，而是非此即彼的取舍问题。然而，在经济学的发展历史中，许多经济学家一开始并没有注意到此类问题，至少没有对取舍行为进行过深入研究。他们虽然也在分析选择行为，但着重于数量组合问题，如人们吃饭时究竟会选择吃多少馒头或多少面包，而且不包含只吃馒头或只吃面包的情况。实际上，这种分析手法就是经济学中通常说的"边际效用分析法"。近来，经济学研究中出现了一个新的流派，它就是把取舍作为自己的研究对象，并运用了更加复杂的数学方法。

9　为什么农村没有城市富裕？

100多年以前，有人在游历日本以后曾对"日本为什么比中国富"的问题给出过这样的答案：与中国相比，日本买东西的人多，而且卖东西的人也多，因此，当时日本更有活力，国家也就更富裕。这个答案自然不是按照标准的经济学术语来表述的，但却道出了一个深刻的经济学道理，那就是分工的水平决定了经济发展水平。

比如，在一座孤岛上，鲁滨孙和"星期五"各自独立生活，所有吃的和用的都需要他们各自独立解决。大家想一想，不论鲁滨孙和"星期五"的能力有多强，他们也难以高效率地完成那么多的工作；结果是尽管他们很勤奋，但也只能达到温饱水平而已。现在"星期五"与鲁滨孙偶然碰面了，他们开始商量一件事："星期五"除管理好和种植小麦以外，什么都不做；而鲁滨孙则专门抽出精力和时间去织布。很显然，正是由于鲁滨孙和"星期五"之间有了一个合理的分工协议，才使得两个人创造的财富总量大大高于他们各自去做"种小麦和织布"这两件事的产量总和；这就是分工带来的好处。大家一定要注意，鲁滨孙和"星期五"是两个独立的人，当他们获得自己的产品后，他们就会通过交换来换取自己需要的对方的物品；结果买卖就有了。其实，大多数情况下，农村之所以没有城市富裕，就是因为农村的分工水平较低，导致了农村生产效率较低。

10 为什么劳动的人多了，增加的产出却少了？

早在200年以前，英国著名经济学家大卫·李嘉图（Daivd Ricardo, 1772－1823）曾经对农田的耕作进行过细致观察。他发现，在一块固定面积的土地上，随着耕种人数的增加，麦子的产量并没有同步增加，而是表现为一种递减的趋势。比如，第一个农民在这块土地上劳作一年可以获得1000斤的麦子；次年再增加一个农民，这就变成两个农民，他们仍然在这块土地劳作一年，结果麦子的产量是1800斤。虽然两个农民的总产量要比一个农民的高，但第二个农民加入劳作后，得到的产量增量只有800斤，低于第一个农民劳作一年获得的产量。同样，在增加第三个农民、第四个农民的情形下，产量的增加量也会递减。对于此类现象，经济学家将其称为"边际生产力递减规律"。这里有三个前提大家一定要注意：一是在我们的故事中，所有人是共同在做一件事情，并不存在彼此之间的分工；二是土地的总量规模是固定的，也就是说，不论增加多少农民，他们都是在同一块土地上劳作；三是所有农民的能力没有任何差异。

在这里，我们不考虑某个农民可能借助于更高级的技术手段或者新的机械化设备。正是在这样的前提下，边际生产力递减规律才得以存在。

11 同样的荔枝，为什么卖出了不同的价格？

气候宜人，风调雨顺。夏天到了，临海市张大叔家和中原村马大姐家的荔枝大获丰收，两户人家的产量均为 1200 斤；张大叔家毗邻城市，马大姐家住在农村，他们销售荔枝都采取就近原则。于是，张大叔把荔枝运到临海市最繁华的水果市场销售，销售价格为 3 元 /

斤，由于临海市的荔枝供应商只有张大叔一人，很快就卖完了，总共获得了 3600 元收入；马大姐拿荔枝到中原村的集市上卖，由于集市开市晚、收市早，而且冷冷清清，马大姐花了三天才把 1200 斤荔枝卖完，销售价格平均下来每斤才 1 元，总共得到 1200 元收入。

同样是 1200 斤荔枝，为什么张大叔和马大姐出售的价格不一样呢？原来，在荔枝总量不变的情况下，在临海市，荔枝的市场需求比较旺盛，供不应求，价格再高也能卖出去，当荔枝市场达到供需平衡时，均衡价格为每斤 3 元；而在农村，由于人口稀少，荔枝的市场需求比较少，价格太高卖不出去，所以只能低价出售，当荔枝市场达到供需平衡时，荔枝的均衡价格仅为每斤 1 元。

从城市与农村的荔枝市场形成的不同的均衡价格，我们不难理解为什么农村土地价格与城市土地价格不一样了。因为，无论在城市还是农村，土地数量都是固定不变的；土地的均衡价格是由对土地的需求来决定的，不同的需求导致不一样的价格。因此，在土地供给不变的情况下，农村和城市对土地需求的不同，形成了城市土地价格和农村土地价格的差异。

12　为什么同一商品买的人越多，价格就越高？

大家都知道云南普洱茶吧。多年以前，普洱茶在云南漫山遍野到处都是，即便是茶商降低价格，也很少有人去买。后来，研究发现普洱茶中富含一种对人体非常有用的元素，这种元素不仅可以提高人的免疫力，而且有助于延年益寿。正是在这条关键信息的影响下，全国各地一时出现了普洱茶热，许多采购商纷纷奔赴云南，结果普洱茶的价格扶摇直上，甚至出现了天价普洱茶。为什么普洱茶的价格在信息发布前后会有如此之大的差异呢？从经济学角度来看，原因很简单，就是普洱茶的需求量大了。事实上，在面对同一商品时，如果买的人少，商品就存在过度供应；商家若想要把它都卖出去，就必须降低价格。反之，如果有太多的人希望得到这个商品，需求超出了供给的能力，买家之间就会产生激烈竞争，一定是出价高的人才能够得到这种商品，这样的现象有点类似于拍卖。在拍卖会上，主持方手拿一把木槌，所有参加竞标的人轮流出价，当没有人再出更高的价时，槌子就落了下来，那个出价最高的人就获得了被拍卖的物品。因此，当物品被赋予了"你有，我就没有"的排他性时，想得到它的人就会越多，价格也就会越高。

13 为什么有些商品总是降价？

这些年，彩电、电脑、手机等商品的价格可谓是一降再降，许多此类商品的生产商家为了占领市场，不惜打价格战和花大价钱做广告。但与此同时，我们却很少看见销售食用盐、糖、油的商家打价格战。有人认为，电脑、彩电、手机等产品的生产成本降得很快，而盐、糖这类产品的成本基本不变，因此，前者往往会不断降低价格。这样的理解并不全面，因为即便彩电之类的产品成本保持不变，这些商家也会展开价格战。那么，这又是为什么呢？

其实，关键的原因在于两类商品的需求价格弹性不同。具体来讲，盐或糖这类商品是人们必不可少的，即便商家把价格降低了1%，也不会因此增加太多的消费量。有关研究显示，当盐的价格下降1%时，销售量虽然也会增加，但只增加了0.6%。与此相反，当电脑、手机等商品的价格降低1%时，销售量因此会增大，而且销售量的扩张程度将大于1%，有时会达到5%。很显然，对于理智的商家而言，如果降价所带来的收入损失能够通过销量增长来弥补的话，他们就会选择降价。

14 为什么有人把疯狂抢购食盐看作是愚蠢的行为？

曾经有过一位网络名人——抢盐哥，许多人对他抢购盐的行为表示无法理解，甚至认为是可笑和荒唐的。从某种意义上讲，造成"抢盐哥"做出如此蠢事的根本原因是，他不了解经济学的基本原理。我们都知道，食盐、食糖、电力、饮用水、矿产等都是关系国计民生的产品，这些产品历来都是由国家控制，而不允许私人任意囤积或哄抬价格。从历史上看，早在2000多年以前的汉代，就有一位名叫桑弘羊的人，曾经向皇帝提出把盐、铁等矿物资源纳入政府控制经营范围的建议。著名的历史文献《盐铁论》记录了桑弘羊和当时的贤良文学围绕这一问题的一场辩论。

事实上，促使桑弘羊提出这一建议的根本原因是：无论贵贱，盐无一人不吃，铁无一人不用，而煮海成盐、开山出铁，这铁矿与海域的主权应该在政府手里。如果国家没有意识到这一点的话，那么，私人经营者仅仅付出少许的税费，却可以获得巨额的财富，这将极大地危害国家与社会的稳定。也就是从那个时候开始，盐、铁经营权都由政府控制。了解这些情况以后，大家应该不会再犯"抢盐哥"的错误了吧。原因很简单，在国家控制经营权的前提下，政府既不会让人们买不到盐，也不会放任盐价暴涨。

15 为什么没有"点子"市场？

点子能买卖吗？大家对此一定充满了好奇。因为在现实生活中，一个好的点子可以让一个濒临破产的企业起死回生，也可以让一个穷小子一夜暴富。点子既然如此重要，但我们却看不到有专门出售点子的公司，这是为什么呢？因为点子无法申请专利。试想，如果你出售的点子，在收款前告诉了购买方，很有可能对方听完点子后讲："你这个点子不值钱，我拒绝付款！"而他回去之后却免费使用这个点子；反之，如果出售点子的一方强迫购买方先付款的话，对方会因担心点子无用而不愿付款。这样看来，点子虽然非常重要，但真的无法直接形成点子市场。有一种方法可以实现点子的买卖，这就是经济学中所说的"剩余索取权"。比如，你现在有了一个很好的点子，那该如何从这个点子中赚到钱呢？基本的操作方法是：你可以通过向银行贷款，或者以他人合法投资的方式组建企业，在实际经营和管理企业的过程中，把你的点子用在其中；等到企业产品卖出并获得收益，将原材料成本、实发的工资、支付的贷款利息和红利、缴纳的税收等扣除以后，剩余的所得就是你这个点子的价钱。大家千万不要小看剩余索取权的作用，正是有了这样的制度，才激励着许许多多的创业者努力奋斗，并为全社会贡献出了那么多的好点子。

16 为什么价格联盟总是以失败而告终？

经济学家认为，任何形式的价格联盟都是不攻自破的。那么，什么是价格联盟呢？举个例子来讲，有四个人在一起打扑克牌，如果其中的任意两方商量好了牌的暗号，那么，剩余的两方一定会输得很惨。在这里，两人在打牌前商量暗号的行为就是"联盟"，也是我们常说的"串通"。与此类似，价格联盟就是几家卖相同产品的企业，在出售商品前商量好价格，或者这些企业一起商量同时提高价格。大家设想一下，如果这些企业串通一气的话，就相当于市场上出现了一个超级垄断企业，此时，消费者就别无选择，只能被迫接

受高价格，从而造成经济上的损失。现在的问题是，当这些企业成功结成了价格联盟以后，这种联盟是坚不可摧的吗？答案是否定的。原因很简单，尽管这些企业在事前商量好了某一价格，但当他们独自面对消费者的时候，他们的心里一定会这样想："我稍微降点价格，就可以多卖一些，而且其他企业根本就发现不了！"正是在利益的驱动下，每一家所谓加入联盟的企业都会违背协议，最终导致价格联盟不攻自破。当然，价格联盟最终必会失败，这是从长期的角度而言的；短期里，价格联盟仍然会发生，并对消费者造成不利的影响。为此，各国政府都制定了相关的法律法规来严加制止此类行为，我国于 2011 年出台了《反价格垄断规定》。

17 为什么政府要对烟草课以重税？

香烟是具有某种特殊属性的商品，这种属性在经济学上被解释为"消费的负外部性"。所谓消费的负外部性，特指某人在消费一种物品时，尽管可以为自己带来幸福感，但也会同时给他人造成痛苦。我们都知道，吸烟是有害健康的，但吸烟者却因为心理上或生理上的原因而不愿放弃吸烟。对他来讲，吸烟所带来的幸福感大于对身体危害的恐惧，因此，吸烟者将会我行我素。但与此同时，当吸烟者吞云吐雾的时候，周边的人却在遭受着二手烟的危害。科学数据显示，大量吸入二手烟后，人们血液中高密度脂蛋白浓度将下降，这会影响到心血管的正常功能。同样，儿童如果经常在烟雾缭绕的环境中进食，就会产生恶心、不适，如果由此而产生心理定式并形成条件反射，久而久之会出现厌食症，甚至危及生命。

值得注意的是，在法律没有明文规定全面禁烟的情况下，是无法命令吸烟者放弃吸烟的。在这样的背景下，政府就发挥干预作用，主要的方式就是对香烟课以重税，让吸烟成为一种非常昂贵的嗜好。假如对香烟课以很重的税，那么，香烟的价格就会变得很高，此时，吸烟者尽管还能够从烟草中获得幸福感，但超昂贵的烟价将使他感受到的痛苦更大，这样就可能会使"瘾君子"放弃吸烟。

18 占位现象说明了怎样的经济学道理？

每到期末的时候，在大学校园的自习室里便会出现一种有趣的现象：有些座位上有人，有些座位上有书。无论是有人还是有书，都在向后来者提示"你来晚了，此位已有归属"，以致许多学生为求自习位置需费不少心机。面对座位有人的情形，大家自然不会有任何意见；但对座位上只有书而无人，且人一直不来的情形，大家都会非常愤怒。那么，为什么总会有一些人占位积极而使用不积极呢？难道这只是偶然吗？信息经济学告诉我们，这种现象并不是偶然的，而是道德风险在起作用。我们仍以占位为例，首先，教室的位子并非属于任何一个人，大家都有权利取得位子的使用权。其次，对那些热衷占位的学生而言，占位无非是早早来教室一下，扔下一两本书就可以了，其成本也就是消耗一点体力和有限的时间；然而，收益却是很大的，因为，位子一旦占好，你随时来都可以，绝对不会为找不到位子而发愁。显然，成本与收益的不对等是造成占位盛行的一个重要原因。同样的例子在保险中也有很多，比如，你买了一辆新自行车，在没有投保前，你会对自己的自行车备加呵护，想尽各种方法来保养它。然而，一旦对自行车投了保，许多人就不像从前那样爱惜车子了，因为，车子坏了自然有保险公司来赔偿。这种行为，可从经济学中的"道德风险"原理中得到解释。

19　记者为什么不再吃第三块三明治了？

　　美国总统罗斯福连任三届后，曾有记者问他有何感想，总统一言不发，只是拿出一块三明治让记者吃；这位记者不明白总统的用意，又不便问，只好吃了。接着总统拿出第二块，记者还是勉强吃了。紧接着总统拿出第三块，记者为了不撑破肚子，赶紧婉言谢绝。这时罗斯福总统微微一笑："现在你知道我连任三届总统的滋味了吧。"这个故事揭示了经济学中的一个重要的原理——边际效用递减规律。所谓"边际效用"，就是某种物品的消费量增加一单位所增加的满足程度。

　　我们就从罗斯福总统让记者吃三明治说起。假定记者吃 1 块三明治的总效用是 8 个效用单位，吃两块三明治为 14 个效用单位，而吃 3 块三明治还是为 14 个效用单位。记者消费第一块三明治的边际效用是 8 个效用单位，消费第二块三明治为 6 个效用单位，消费第三块三明治是 0 个效用单位。这几个数字说明，记者随着消费三明治数量的增加，其边际效用是递减的。记者之所以不想再吃第三块三明治，是因为再吃也不会增加效用了。在现实生活中，许多人都会发出这样的感慨："现在可吃的东西太丰富了，就是天天吃山珍海味，也吃不出当年饺子的香味啦！"这实际上就是边际效用递减规律在起作用。

20 城市中的发电厂为什么只有一家或两家？

与许多生产厂商不同，发电厂具有非常显著的规模经济效应。在这里，所谓的"规模经济效应"，就是指随着企业生产产品数量的增多，单位产品的平均成本就会加速降低。举个例子，大家都乘坐过出租车吧，如果你是一个人乘坐出租车的话，所有的费用都将由你一人来承担；假如你是和三位同学一起乘坐，那么，所有的费用将由四个人一起分担。最终的结果是，同样的路程所花费的相同的总费用，因为一起乘坐的人多了，你的花费就少掉了很多，这种现象就是"规模经济效应"。

对发电厂而言，情况也是相同的。我们都知道，兴办一家发电厂要购买许多昂贵的设备，其初始投入非常高。特别需要强调的是，这些初始投入与电厂未来的发电量没有必然联系，因此，经济学家将它称为"固定成本"。假如一座城市有太多的发电厂，而每一家发电厂都只提供给一小部分的居民用电，那么，发电厂的发电量就不大，而需分摊掉的固定成本就会很大，这将导致用户为用电所支付的价格也很高；相反，如果这座城市只有一家发电厂，那么，它的发电量将变得很大，相应的发电成本以及居民为用电所付出的费用也就少了很多。由此看来，一座城市之所以不能容纳太多的发电厂，关键是要降低发电成本，进而让老百姓能够用上更便宜的电。这种情况也存在于类似的自来水等行业上。

21 贾家和薛家为什么终止了价格大战？

贾家和薛家是石头城里的贩盐大户，他们在规模上不相上下，并在多年的经营中打败了石头城所有的小盐贩。某日，贾家突然将盐价打8折，从每斤150文铜钱降到120文，石头城百姓无不欣然。一时间，贾家的盐铺门庭若市，而薛家的盐铺却门可罗雀。对此，薛家气不打一处来，打算把自己的盐价也降下来，至少得比贾家的还便宜。就在此时，他家的老朋友门子先生来了。

门子先生认为，这样降价对两家都没好处：如薛家在原价的基础上打七折，贾家的盐也没法儿卖了；于是贾家打六折，那么薛家得打五折……如此下去，盐价越来越低，必定两败俱伤。现在应把这利害关系跟贾家说清楚，他们会取消打折的。薛家听从了门子先生的意见。果然不出门子所料，贾家取消了打折，石头城盐价又回到了每斤150文铜钱。

站在经济学的视角看这一"盐价风波"，贾、薛两家就是市场上的两大寡头。正是由于对方的存在，降价迟早会被发现，并可能引起报复，进而两败俱伤，最终损失自身利益，因此往往难以降价。同时，提价会把自己的买家"推"到对方的商店里，寡头们同样不会独自提价。在市场经营中，寡头们往往通过"联盟"等形式加强联系，共同维持商品的高价位，这样商品的价格就会相对稳定了——那就是消费者所能承受的最高价。

22 为什么小猴子不珍惜自己拥有的东西？

相信大家都读到过这样一则故事：某日，一只小猴子运气特别好，捡到过不少东西，可惜它捡一样丢一样；最后一次，小猴子为了捡一粒芝麻，竟然丢弃了先前捡到的西瓜，结果回到家的时候，小猴子手里只剩下一粒芝麻。在许多人看来，这则"捡了芝麻，丢了西瓜"的故事是在讽刺那些"抓住了小的，却把大的给丢了"的愚蠢行为；但在经济学家眼里，故事的含义还不止于此。大家还记得边际效用递减规律吧，这在上文吃三明治的问题里已经解释过了。事实上，对猴子来讲，它所面临的矛盾恰恰就在这里。当它拥有西瓜时，西瓜给它带来的幸福程度用数值衡量为50；当它突然看到路上有一粒芝麻时，因为这个时候它还没有芝麻，因此，芝麻给它带来的幸福感很高，至少是大于50的，结果它就用一个西瓜换回了一粒芝麻。或许在许多人看来，这样换是不值得的，但对猴子来讲，它的智力还无法判断"怎样的交换比例是恰当"的，或许它以为"我有的东西总是比没有的东西要差"，这样一来，猴子的行为就得到了合理解释。实际上，这则故事里包含着边际效用递减这一经济学原理。在大多数情况下，当你手里有了太多的某个特定物品，你一定会产生厌倦感，甚至你会想着用这些多余的物品去换取别人有但你没有的物品。这就是因为，东西多了，其边际效用就低了；而东西少了或者你压根没有，其边际效用就高了。这也就是小猴子不珍惜自己拥有的东西的真正缘故。

23 为什么三只"一顺"的鞋不如两只左右对称的鞋？

在同样的价格下，人们绝对不会去买三只"一顺"的鞋，除非他只有一只脚，或者大脑出了问题。但照理讲，付出同样的价格，三只"一顺"鞋子的数量总是要比一双左右对称的鞋子多吧,但为什么人们不会选择前者呢?对此,大家一定毫不犹豫就会给出答案:人的双脚是左右对称的,买三只"一顺"的鞋是没有使用价值的。这样的回答当然再正确不过了,然而,这里还揭示了一个重要的经济学概念——互补品。

在这里,左右对称的鞋子就是互补品。按照标准的经济学解释就是,对购鞋者而言,单单买左脚或者右脚的鞋子,数量再多给他(她)所带来的幸福感都是零,而成对的鞋子才能让他(她)获得幸福感。在现实生活中,互补品的例子有许多。比如,汽车与汽油、磁带与录音机等都是互补品。

这两年,汽油价格上涨得很快,以致许多有车族搁置汽车不用,改坐公交或者地铁了,这就是互补品的相互作用。再比如,20世纪80年代,有一位著名的企业家就是利用生产互补品成功的。当时,全国兴起了一股西服热,于是,众多厂家纷纷上马生产西服。但他却没有这样做,而是选择了生产领带;因为穿西服就要打领带,西服热了,领带也就随之会火起来。

24 为什么牛肉价格涨了,羊肉就卖得好?

牛肉和羊肉都是肉,只要人们没有特别的忌讳,它们都是餐桌上的佳肴。但通过观察我们不难发现:大凡牛肉价格涨了的话,买羊肉的就多了起来;或者因某种原因,人们不选择吃牛肉时,羊肉的需求就多很多,比如,前些年有关"疯牛病"的报道出现以后,许多"牛肉族"纷纷转向购买羊肉(或猪肉)了。

从生理角度分析,不管是什么肉,它们在功能上具有相似性,都可以满足爱吃肉的人们的胃口需求。但从经济学角度来分析,牛肉和羊肉是一对典型的替代品。值得注意的是，商品之所以具有替代性质，自然是与不同商品的功能相似有关；但经济学不关注功能的问题，它只注重替代品之间的经济联系，比如，卖羊肉的不能只关注羊肉的供给数量，并据此给它设定一个价格，他还需要关注其他肉类的数量和价格，否则价格偏高，就会吓跑买羊肉的消费者。

当然，卖羊肉也不需要定一个和牛肉相同的价格，原因是不同的肉类总有一批忠实的"吃客"，适当的价差既是不同肉类生产成本差异的体现，也是它们供求数量差异的反映。

25　为什么一个和尚有水喝，而三个和尚却没水喝了？

相信《三个和尚》的动画片曾经给许多观众留下了深刻的印象。看完后也许我们会想，不是说"人多力量大嘛"，那为什么三个和尚反而没有水喝了呢？从管理学、心理学和经济学等不同学科的角度，对这个问题可以有多种解释。

从经济学的角度来分析，这里涉及了公共品的搭便车问题。所谓"搭便车"就是别人努力做事，自己却从别人的成果中免费享受到了好处；所谓"公共品"就是一种所有权不属于任何个人或者每一个人都有权利使用的产品，且无论在这种产品的生产中你是否付出了劳动。

三个和尚没水喝的症结恰恰就在于：挑来的水是一种公共品，即无论是谁去挑，每一个和尚都可以喝，结果是每一个和尚都想搭便车，都不想下山挑水。同时，这个故事还隐藏了一个公平的问题。原因很简单，在只有一个和尚的时候，由于生存的需要，他无法逃避，只能自己去挑水。当有两个和尚时，人的惰性和依赖性明显表现出来，除非他们两人各负责一天的挑水或共同抬水。虽然抬水好像不合算：每次两个人才抬一桶水，与一个人挑两桶水相比，足足差了3倍，人力和时间都不合算；但是，这非常公平，不存在互相找借口不去取水的问题，给予他们的是公平的感觉。而在有了第三个和尚以后，个人投机倾向明显加重，每个和尚都在想："我就不相信你不喝水了，早晚你（们）会去挑（抬）水的！"结果是，水没有挑（抬）来，大家都没有水喝了。

26　为什么很多商品的价格尾数都是0.99？

买东西时，你是否会经常比较同类物品的价格差别呢？你是否常常被它们细小的差别所左右呢？聪明的商家发现了这个特点，于是在定价时，他们动了一番脑筋。如果仔细琢磨商品上的价格标签，你会发现商品的价格极少取整，且多以0.99元结尾。这不禁令人纳闷，如果取整数，价格容易让人记住并便于比较，收银员总计几件商品价格也更便捷而且不用找零，岂不是让客户和商场收银员更省事吗？然而，你可知道如此定价大有讲究呢，因为里面包含着经济学原理。

在前面的问题中，我们已经知道，经济学有一个重要的假设，那就是经济活动中，人都是理性的人，任何行为都是追求效用最大化的。但是现实生活中，消费者并非完全理性，而且很多情况下是非常不理性的，甚至仅仅是价格尾数的微小差别，就能明显影响其购买行为。比如，3.99元的价格虽然离4元只差1分钱，但消费者仍然会将之放在3元多的范畴内。显然，数字不同感觉就大不一样，整数与比它相差很小的带尾数的数字给人感觉相差很大，其中奥秘在于人对数字的认知特点。与此同时，如此定价会给消费者带来商品便宜的感觉，因为消费者会揣摩：为什么商家如此斤斤计较呢，很可能是因为商家对成本的计算是非常精确的，而成本如此精确计算，很可能是商家能赚到的利润并不高……于是，消费者多会选择此类商品。

27　为什么电影院里的爆米花不打折？

重阳节到来的时候，许多商家不仅打出了"尊重老人"的宣传标语，而且选择适合他们观看的影片，并采取了对老年人打折优惠的实际行动。这种情况同样出现在三八妇女节、六一儿童节等节日对特定人群的折扣优惠活动中。我们对这些商家的行为表示赞赏，但我们绝不能因此而判断，这种优惠折扣是商家不计利润回报的慷慨之举。

从经济学角度而言，这种方法实际上是商家为了增加利润所设计的定价策略。在通常情况下，老年人对电影的兴趣要比其他人群低得多，因此，老年人愿意为电影支付的价格也会比其他人群低。在此前提下，电影院会将消费者分为两个群体，一是老年人群体，一是其他年龄群体。正是因为老年人不太愿意看电影，所以电影院就希望通过向老年人提供折扣的方式吸引这部分群体。这样的定价方法被称为"价格歧视"，也就是商家对不同的群体在提供同一物品时，制定了不同的价格。但是，我们必须注意的是，与电影票不同，爆米花可以很容易地被转卖。如果老年人可以正常价格的一半购买到爆米花，那么可能会有年轻人请老年人替他们购买爆米花，这样以正常价格售出的爆米花的数量就会下降，而商家将会因为对爆米花采取的"价格歧视"遭受损失。所以，电影院里卖的爆米花是不打折的。

28　为什么穿山甲只吃掉洞中一半的蚂蚁？

如果对穿山甲赋予拟人化的童话想象，我们就可以把穿山甲看作是理性的经济人。原因很简单，因为它们通常只吃掉洞中一半的蚂蚁，这样既可以让自己获得温饱，也保证了蚂蚁繁衍的速度与自己的需要完全匹配。

事实上，在我们生活的现实世界里，人虽然是万物之灵长，但这并不意味着其他动物都是蠢笨的；在千百年历史演变中，凡是生存下来的物种一定都是符合自然规律的，而所有符合自然规律的行为方式也一定是理性的。

再比如，大家都听说过"朝三暮四"的故事吧。在故事里，宋国的一位养猴子的老人对猴子说，要给它们早上三颗和晚上四颗橡实，猴子听了很生气；而他改口说"早上四颗晚上三颗"时，猴子都很开心。表面上看，这个故事在说这位老人的机灵，但实质上却道出猴子的选择符合理性的特征。因为对猴子而言，早晨是一天的开始，所以需要"朝四"来保证一天的活动有足够的能量；而到了晚上，是以休息为主，所以"暮三"就够了。如果硬要让它们接受"朝三暮四"，它们也许会觉得白天能量不够，晚上又太多了。

29　为什么企业愿意为打造产品品牌投入大量的钱？

在距今近三千年的周朝，周天子本是中原的霸主；然而到了春秋时期，周天子的实力已经与一个诸侯相差无几，军事实力与西周时期无法相提并论，经济上有求于诸侯，政治制度也逐渐形同虚设。然而，几百年形成的"周天子，家天下"的观念仍然深入人心。

在管仲、鲍叔牙等名臣的辅佐下，齐国的实力大幅提升。为了实现霸业，齐桓公采纳了管仲提出的"尊王攘夷"策略："尊王"，即尊崇周王的权力，维护周王朝的宗法制度；"攘夷"，即对游牧于长城外的戎、狄对中原诸侯的侵扰进行抵御。

"尊王攘夷"政策的关键在于，在古代争霸战争中，人心向背、师出有名是极为重要的因素。虽然"尊王攘夷"是需要付出巨大成本的：供奉周天子、抵御外族侵略可不是便宜买卖，召集诸侯更是要动用大量的财富；但是"尊王攘夷"旗号，为齐国贴上了"正义之师"的金字招牌，使众人敬仰，反对齐国的势力就成为"不义之人"。明白这一点，我们对齐国的部队所向披靡，齐国的实力更上一层楼，最终成为"春秋五霸"之首便不难理解了。

在经济学的世界里，有很多企业也想成为行业的"霸主"。一家优秀的企业，创建并维护好自己的品牌，让自己的品牌成为"高品质"的代名词，通过时间的历练，会逐渐得到消费者的青睐。苹果、松下、索尼、福特、奔驰等知名企业的成长，就是伴随其品牌的成长而实现的。

30 为什么土豆价格和需求量会一起上升？

"吉芬物品"是经济学中的一种非常特殊的商品，是19世纪英国学者罗伯特·吉芬在爱尔兰从观察到的一个现象中总结出来的。他发现，当土豆价格上涨的时候，人们消费更多的土豆。在这里，土豆这种商品被称为"吉芬物品"。单就一种商品而言，天底下到处都有"吉芬物品"。譬如股票、外汇等，价格上涨，购买的数量会上升。但是，经济学家之所以对这类商品特别关注，主要因为它和需求定律不相符合。所谓需求定律就是指商品的价格越高，愿意买商品的人就会越少；反之，价格越低，愿意买它的人也就会越多。那么，"吉芬物品"为什么与需求定理不一致呢？

在经济学中，当一种商品的价格发生变化时，会对消费者产生两种影响：一种是使消费者当前收入的购买能力发生变化；第二种则是使不同商品之间的相对价格发生变化，这两种变化都会改变消费者对某一种商品的需求量。就土豆而言，1845年的爱尔兰饥荒造成大量家庭陷入贫困，土豆这类能维持生活和生命的低档品，无疑会在大多数贫困家庭的消费支出中占较大的比重。此时，土豆价格的上升，虽然导致贫困家庭购买力大幅度下降，但在没有其他低档的商品可供选择的时候，他们还不得不大量地增加对土豆的购买，这样就出现了土豆的需求量随着土豆价格的上升而增加的特殊现象。这种现象又被称为"吉芬反论"或者"吉芬矛盾"。

31 比尔·盖茨该不该捡地上的100美元？

比尔·盖茨曾是全球首富，他的个人身价在2010年已经达到了540亿美元。那么，在经济学家看来，盖茨如果弯腰去捡地上的100美元，他将因此丧失大于100美元的收入。这是怎么一回事呢？事实上，经济学在讨论盖茨是否决定捡钱的问题时，主要考虑的是机会成本问题。由于盖茨具有超强的财富创造能力，所以，如果精确计算的话，他甚至可能在每一秒都创造出几百美元的财富。在这里，几百美元就是比尔·盖茨花一秒时间捡钱的机会成本。显然，捡钱，他虽然得到了100美元，但也会因此丧失几百美元。由此来看，盖茨不捡地上的100美元是明智的。

相似的案例在北大校园也出现过，如男女生抢座。通常，在北大的每堂课上，坐在前几排的基本上都是女生，男生大多坐在后几排。据说男生很不服气，于是一连几天早早起来抢座，座是抢到了，但因为男生晚上睡得晚，所以，上课精神自然不好；经历一连几天的恶性循环，身体承受不了，男生起早抢座的现象就没了，又恢复到以前的状态。其实这也是一个机会成本问题，男生占座的机会成本是一天的精神状态不佳；而女生因为一般都有早睡早起的习惯，她们去占座位的机会成本也就几乎为零。

32 为什么小明在考试前宁愿多花时间"恶补"英语？

许多学生都会有偏科的问题，比如，英语非常不好，而数学却非常好，正如小明那样。在这样的情况下，小明的家长请来英语老师进行补习，而且让他花上更多的时间去学习英语。仅仅从表面上看，我们当然明白小明父母如此做的原因是什么，那就是不能让英语拖累总分。事实上，这样的理解与经济学的"等边际原理"完全相符合。为解释等边际原理，我们假定小明每天的课外学习时间只有 4 个小时，而且在不同科目上增加时间所带来的效果不同（见下表），现在要考虑的问题是如何在数学和英语两科上合理分配。

课外学习时间分配与成绩变化

增加的时间（小时）	英语成绩变化（分）	增加时间（小时）	数学成绩变化（分）
0	50	0	80
1	60	1	85
2	68	2	88
3	73	3	90
4	76	4	91

由上表可见，无论在哪一科，随着小明等量增加学习时间，该科的总成绩虽然会提高，但增加的分数却是递减的，这就是边际递

减规律。对小明而言，最好的选择是什么呢？等边际原理告诉我们，在英语和数学上分别增加一个小时的学习时间，如果两门科目因此而增加成绩相等的话，这个点就是最佳的分配比例。我们看到，当英语学习时间从 2 个小时增加到 3 个小时和数学学习时间从 0 增加到 1 个小时的时候，同为一个小时，却使得英语成绩和数学成绩都提高了 5 分。此时，最佳的分配方案就是英语学习增加至 3/4 的总时间，即 3 个小时；而数学增加至 1/4 的总时间，即 1 个小时。

33　为什么女性愿意忍受高跟鞋？

许多女孩子都喜欢穿高跟鞋，这不仅仅是因为高跟鞋可以令身高看上去增加了，而且还可以让女孩子走路的姿势更加优雅。然而，我们都知道，穿高跟鞋是一件不太好受的事情，甚至会对身体健康产生危害；权威研究也显示，常穿高跟鞋将会导致心脏病等。国外有人曾把高跟鞋戏谑为"通向地狱的开始"，因为英文高跟鞋是 heel，而地狱是 hell，两者仅仅相差一个字母，很容易让人将两词相联。既然如此，为什么还有那么多女孩子要穿它呢？你或许马上会想到，这是因为女性过分追求美丽，以及怀着高跟鞋未必使自己得病的侥幸心理。这当然没错，但它仍然无法解释，为什么尽管对高跟鞋的负面宣传越来越多，但穿高跟鞋的女孩还是越来越多。实际上，这种现象就是经济学中的"囚徒困境"问题。简单来说，就是每一个女孩子都会私下猜测：高跟鞋对身体不好，许多女孩子不会再穿了；那么，如果我穿的话，就一定会显得与众不同，可成为人们瞩目的中心。事实上，很多女孩子都会如此想，结果是尽管高跟鞋被证明有损健康，但穿它的人反而是越来越多。

34 为什么高技术产品价格越来越低？

"技术"一词实在是令人太熟悉了，我们几乎可以在报纸或新闻上天天看到或听到；至于"技术"到底是什么，却是众说不一的。科学家会说，"技术"是一种可书写的符号，这些符号被编码在具体产品或人的大脑里了，以至于有了"技术"就可以获得更大的生产能力。经济学家的观点是，"技术"是在同样投入的前提下，可以获得更大的产出，因此，有了"技术"就可以降低成本并获得更高利润。

技术提高了，不仅有利于生产者，而且对消费者也有益处。原因很简单，当某家企业率先成功获得某项新技术后，它生产的单位产品的成本就会比同类企业要低许多，它就有降价的动力和能力；而技术水平差的企业却无法降价，结果就会被淘汰出局。我们可以回顾一下，这些年来我们身边的高科技产品的价格不是越来越高，而是越来越低，如液晶电视机、电脑、iPad、手机等，不都是这样吗？这些现象也能够说明经济学意义上的技术不是那些抽象的被编码的知识，而是清晰可见的单位产品成本变化的数字。那么，单位商品成本变化又能告诉我们什么呢？这就是商品生产能力大幅度提高，可卖的商品数量增加了。比如 20 多年前，我们买一台电视机的价格一定比今天高，原因就是今天电视机的生产规模大幅度提高，每台电视机的生产成本大幅度降低了。

35 为什么鲸鱼有灭绝危险而鸡没有？

每当到捕鲸季节的时候，世界上总会有一些环保主义者上街游行，抗议人类滥杀大型海洋哺乳动物，以致将这些动物逼到灭亡边缘的行为。然而，鸡也是动物，但我们却从未听到过拯救鸡的呼吁。这是为什么呢？人们会说，鸡不是濒危物种啊。但是，另一个问题又冒了出来，为什么有的物种濒危，其他的却活得好好的呢？这就需要用经济学中的所有权来给予解释了。

大家都知道，这些年鲸的数量不断下降，原因是没有人拥有鲸的私权。它们畅游在国际海域，好几个国家拒绝尊重保护鲸的国际禁捕协议。日本和挪威的捕鲸人很清楚，他们目前的滥捕行为威胁到鲸的生存，从而影响他们自己将来的生计。但是，每个捕鲸者同样明白，被他们放过的鲸早晚也会落入他人的渔网；因此，放弃捕捉鲸，自己现在和将来都是无利可图。相反，世界上多数的鸡都有自己明确的主人。你从自家笼子里抓一只鸡杀了吃掉，也只不过是你所养的鸡的数量少一只。如果养鸡是你的谋生手段，你将有强烈的动机设法平衡养鸡场中即将出售的鸡和新生小鸡的数量。鸡和鲸都有经济价值，然而，人们对鸡拥有私权，对鲸却没有，这就是为什么前者的生存前景很安全，而后者却濒临灭绝。

36　今年的 1 元钱小于明年的 1 元钱吗？

你相信钱能够自己生钱吗？你一定会说，钱又不是生物，怎么可以繁殖呢？但从经济学家的角度看，这一问题并不奇怪。简单来说，钱之所以能够生钱，在于货币具有时间价值。在这里，货币的时间价值是指人们今年持有 100 元可能要比明年的 100 元具有更高的价值。

这是因为，假如你口袋里有 100 元，你决定放弃对它的消费转而存入银行；到了明年你去取钱时，你就会发现你获得的不再是 100 元，而是 100 多元；这多出来的钱就是银行支付给你的利息，也是你去年 100 元钱"生"出来的新钱。实际上，站在经济学的角度来说，今年的 1 元与明年的 1 元所具有的购买力不同，这种差异是因为你放弃了今年消费而获得的补偿。

还需要补充的是，货币虽然具有时间价值，但这个价值究竟有多大呢？有朋友或许会说，我去年的1元用来买股票，结果我大赚了一笔，今年变成了3元，这增加的2元是不是可以看成是去年1元的时间价值呢？答案是否定的。因为，货币的时间价值是不能把冒险获得的报酬也计算进来的，买股票是有风险的，尽管回报可能很高。也正因为此，人们通常拿银行的利息率作为估算货币的时间价值的重要标准。

37 为什么在美国理发的价格比中国贵得多？

在中国不同的城市理发，相同的服务，价格却有所差别。比如，北京、上海、广州等大城市大概要30多元，一些二、三线城市如合肥、贵阳等一般只要5元。假定全国平均的理发价格相当于2美元（约合人民币12元），那么，美国的情况如何呢？据我们所知，美国最便宜的也要2美元，而且这些理发人员很不专业，服务也比较差；美国的平均理发价格是20美元。事实上，美国理发师的技术水平未必比中国的好，即便服务好些也难以用10倍于中国的价格水平差距来衡量。那究竟是什么原因导致中美理发价格出现如此大的差异呢？

经济学告诉我们，国与国之间的产品和服务可以分为可交易的和不可交易的。我们通常看到的产品，如玩具、服装、电器等都是可交易的，而有些服务却无法交易。因为，你可以比较容易地出口一堆服装到美国卖，但是，让你旗下的理发师到美国提供服务则比较困难。那些可交易的实物产品价格在全球任何国家基本上都是差不多的，尤其是比较容易运送的电子产品和纺织品。但我们必须注意的是，在发达国家，工人的工资水平比较高，服务行业人员的收入相应也比较高。显而易见，如果美国从事理发工作的人员工资是中国的10倍的话，那么，理发店收取的价格也至少是中国的 10 倍；否则，这些店就要亏本。

38　为什么穷国国民的总支出中，食品支出的比例比较高？

"民以食为天"，这在任何国家、任何时候都是人们生存的基础。既然如此，每一个人都需要先解决吃饭问题。于是，人们在每个月领到工资以后，通常会先预留出一部分作为当月的伙食费，剩余的再作其他考虑，如存一些钱到银行，再买一些自己需要的其他物品。从国家层面来看，如果某个国家收入中的大部分被人们用作生活基本开销，那么，这个国家就一定是比较贫穷的。这是因为，在富裕的国家里，大多数的人都比较有钱，这种有钱或富裕的标志，就是人们可以购买更多更好的自己想要的东西，而不是将大部分的钱都用在吃喝上。这种现象在经济学上被称为"恩格尔定律"，是一位名叫恩斯特·恩格尔（Ernst Engel, 1821—1896）的德国统计学家在 19 世纪从统计资料中发现的规律。当时，他主要是对人们的消费结构变化情况进行研究，结果发现：一个家庭的收入越少，家庭收入中或总支出中购买食物的支出所占的比例就越大；随着家庭收入的增加，家庭总支出中用来购买食物的支出则会下降。因而，一个国家越穷，国民平均收入中或平均支出中用于购买食物的支出所占比例就越大；随着国家经济水平的提高，这个比例呈下降趋势，即随着国民家庭收入的增加，购买食物的支出比例会下降。

39　为什么机场的饭菜很贵？

你在机场或者旅游景点吃过饭吗？如果吃过的话，你一定会发现，那里的饭菜很贵，有时达外面饭店的几倍。或许有朋友会奇怪，为什么同样的饭菜，一进入机场或旅游景点这些场所，就像镀过金一样，涨得如此离谱？其实，经济学告诉我们，出现这样的现象主要是由于市场圈定的原因。

所谓市场圈定，就犹如在某个特定的地方画了一个范围，于是，凡是在这个范围内的商品就变得与众不同，"贵"就是其特征之一。其实，了解经济学的朋友都知道，餐饮食品属于竞争性的商品，因为在撇开品牌、知名度等因素的情况下，如果某家饭店的菜肴太贵，人们就会选择到其他饭店消费；而我们生活中可供选择的饭店实在是太多了，数都数不清楚，也正因为这样，任何一家饭店都难以做到既卖高价饭，又招揽到很多顾客。

然而，一旦这些饭店进入机场以后，情况就不同了。这是因为，机场是一个相对封闭的场所，在这里往往是机场垄断了经营权。此时，进入机场的饭店虽然仍然提供着"竞争性商品"，但因为机场是垄断的，所以，这些"竞争性商品"就变成"垄断性商品"了。按照经济学的解释，垄断的结果将带来商品的高价格，它将通过剥夺消费者的选择权和讨价还价能力，让消费者蒙受损失。当然，在实践中，政府往往会依法出面干预，不允许这些场所的商品价格太离谱，以保护消费者的权益。

40 为什么我国废除了粮票等票证？

在20世纪50至80年代，如果手中没有粮票的话，你就可能寸步难行；因为，即使有钱你也买不到食品。今天，我们的生活中再也不需要粮票了，它已经成为历史，只留存在人们对往事的记忆中了。实际上，当时不仅粮票是定额发给人们的，而且还有买布的布票、买

（食用）油的油票、买豆制品的豆制品票、买糕点的糕点票、买自行车的自行车票等等。问题是，当时为什么要发行这些不同的票证呢？为什么后来又废除这些票证呢？

粮票等票证是我国计划经济条件下的特有产物。20世纪90年代初之前，我国还处于计划经济时代，国家能够提供给人们消费的各种商品都非常匮乏，人们想要买这些东西的数量远远超过了市场可以提供的数量。此时，如果政府不进行限制购买的话，只能造成有钱者得的局面，这显然违背了公平原则。在这样的情况下，国家对一些商品实行凭票证供应的制度。出现了这些票证以后，即使你很有钱，而且可以出高价，但对不起，如果你手上没有票证，照样买不到限购的商品。进入20世纪90年代以后，我国逐渐确立了市场经济体制，包括粮食在内的各种商品的生产能力大幅度提高，人们再也不会买不到商品了，此时，再继续沿用票证制度已没有任何必要，因此，这些票证逐渐被废除。

41 为什么随着工资的提高，上班族会愈来愈不愿意加班？

想弄明白这是怎么回事吗？让我们来做个数学练习题吧。

哈利在一家外资企业上班，当2008年的每小时工资为60元时，他每天工作7小时；当2009年的每小时工资提高到90元时，他每天工作8小时；当2010年的每小时工资提高到120元时，他每天工作9小时；而当2011年的每小时工资提高到150元时，他每天工作的时间仅为7.2小时。为什么每小时工资提高到150元，哈利的工作时间反而减少了呢？

因为对每个人来说，每天只有24小时的有限时间，增加工作时间意味着休息时间的减少。假设休息是一个消费品，随着每小时工资的提高，休息的消费价格也变得昂贵起来；只有当休息时间所带来的收入损失变化，大于或等于工作时间所带来的收入增加变化时，随着工资的提高，人们才会愿意增加工作时间。

对哈利来说，当每小时工资为 60 元时，每天的工作收入为 420 元，而休息的收入损失为 1020 元；当每小时工资提高到 90 元时，每天的工作收入为 720 元，而休息的收入损失为 1440 元；换句话说，当每小时工资从 60 元提高到 90 元，哈利每天加班（多工作）1 小时，工作收入增加 300 元，而休息导致的收入损失增加了 420 元，休息所付出的代价较高；当每小时工资从 90 元提高到 120 元时，每天工作 9 小时，哈利每天加班（多工作）1 小时，工作收入增加 360 元，而休息导致的收入损失增加为 360 元；当每小时工资提高到 150 元时，每天加班（多工作）1 小时，工作收入增加为 420 元，因休息而导致的收入损失为 300 元，即工作付出的时间代价比休息付出的时间代价高了，所以哈利不愿意多付出这一个小时了。很显然，每天工作 9 小时和休息 15 个小时是哈利最优的时间分配，此时，工作和休息的时间代价是相等的。这就是经济学上著名的个人劳动供给曲线的"背弯效应"，即当工资提高时，个人工作时间会增加；但是工资上涨超过一定程度时，工作的时间代价超过了休息的时间代价，休息比工作更加宝贵了，个人就会选择放弃工作而把时间花在休息上，越来越不愿意加班了。

42 为什么当个人小时工资上升到一定水平时，人们反而减少了工作时间？

先来讲一个"保姆赚小费"的故事：有一个保姆被雇佣去照顾爱哭闹的孩子，但孩子听到欢乐球爆破的声音或者吃几粒糖就会停止哭泣。刚开始的时候，欢乐球的价格为 0.25 元，一粒糖的价格为 0.1 元，每周需要 100 个欢乐球和 290 粒糖，总共花费 54 元；后来，欢乐球的价格由 0.25 元降到 0.15 元，购买同样数量的欢乐球和糖所需要花费的成本只有（0.15×100）+（0.1×290）= 44 元了，但主人给保姆的预算还是 54 元，剩下的 10 元钱，保姆不需要上缴给主人。因此，在欢乐球的价格下降后，保姆从中赚得了 10 元小费，但所做的仍是照顾孩子并让孩子不哭闹的工作。

同样的任务，不变的预算，保姆的小费到底从哪里来呢？这就是欢乐球价格下降产生的收入效应。原来 25 元只能买到 100 个欢乐球，而价格下降后，则可以买到 167 个，相当于可以多买 67 个欢乐球；而哄孩子只需要 100 个欢乐球，所以多出来的 67 个欢乐球的费用变成了保姆的 10 元小费，即增加了保姆的收入，这是价格下降的收入效应产生的结果。如果欢乐球的价格没有下降，这 10 元就需要增加工作时间才能获得。

同样的道理，假设迈克要买一个时下流行的 iPhone 手机，需要 6000 元人民币，当他每小时工资为 30 元时，他需要工作 200 个小时；而当每小时工资由 30 上涨到 50 元时，他只需要工作 120 个小时就能实现目标了。也就是说，麦克在保持他的效用（赚 6000 元人民币买 iPhone）不变的前提下，当每小时工资由 30 元涨到 50 元时，他的工作时间由 200 个小时减少到了 120 个小时，他的工作时间反而减少了 80 个小时。这就是在保持效用不变的前提下，由于小时工资上升的收入效应，导致了工作时间的减少。

43 为什么说传销是骗人的把戏？

在经济学中，有一个著名的案例叫"庞氏骗局"，如果理解了这个骗局的真实内涵，就能知道何谓传销，以及传销为什么是骗人的把戏了。早在 20 世纪 20 年代，有一个叫作查尔斯·庞兹（Charles Ponzi）的移民美国的意大利人，在波士顿大肆向人们宣扬，如投资欧洲的某种邮政票券，就能在 45 天内获得 50% 的回报。不过事实上庞兹并没有按他所承诺的去做，他把从 B 处获得的投资金额的一部分作为回报支付给 A，然后把从 C 处获得的投资金额的一部分作为回报支付给 B，诱惑了很多人上当，被利益冲昏头脑的人趋之若鹜。这种拆东墙补西墙的伎俩为他带来了丰厚的回报。一年过去了，庞兹承诺的邮政票券纯属子虚乌有，人们这才开始认识到庞兹的真实面目。最终，当庞兹把非法获得的 1500 万美元挥霍殆尽时，这个可恶的骗子被送进了监狱。

传销与"庞氏骗局"的本质是相同的——传销往往打着提供产品和服务的旗号，通过上家发展下家的方式收取会费，组成金字塔层级形集团；但其实际上并未提供或只提供少量的产品和服务，主要通过收取会费牟利——两者都是通过金融活动进行诈骗。

44 为什么亏损的企业仍然愿意开工？

在回答这个问题之前，我们先来看这样一个故事：某日一个生产小麦的农场主向他的工人发布了一则坏消息，他说："今年的小麦价格很低，而且我从今年的粮食中最多只能获得 3.5 万元收入。如果我付给你们与去年相同的工资（3 万元），我就会亏本，因为我 3 个月以前已经为购买种子和化肥花了 2 万元；如果为了那些仅值 3.5 万元的粮食而让我花上 5 万元，那么我一定是疯了。如果你们愿意只拿去年一半的工资（1.5 万元），我的总成本将为 3.5 万元（2 万元＋1.5 万元），至少可以收支相抵；如果你们不同意降低工资，那么我也就不打算收割这些小麦了。"

大家想一想，农场主的说法是否可信呢？答案是不可信的。在这里，我们可以算两笔账。第一笔账是假如农场主真的不收割小麦了，那么，他将损失 2 万元，这些钱是以前买种子和化肥花费的钱；第二笔账是假如农场主只是开个玩笑，他最后还是收割了，结果他也有损失，但损失的数值是 1.5 万元（3.5 万元－3 万元－2 万元）。很明显，农场主收割小麦要比放弃收割小麦划算。在经济学上作如此解释：农场主前期买化肥和种子的钱属于固定成本，也就是无论他收割与否，这笔钱已经花掉了；而农场主雇佣工人收割支付的工资属于可变成本，这种成本只和收割与否有关。从道理上讲，农场主卖小麦获得的收入如果能够弥补因收割小麦而产生的可变成本，他就应该选择收割，因为这样做毕竟还可以弥补一些固定成本的损失。

45 为什么会出现"谷贱伤农"的现象？

"谷贱伤农"是我国流传甚广的俗语，意思是粮食丰收了，农民的收入反而减少了。这是因为，农民卖粮食能赚多少钱取决于两个因素：产量和粮价，也就是二者的乘积。但这两个因素并不是孤立的，而是相互联系的，其联系主要体现在一条向右下倾斜的粮食需求曲线。也就是说，粮价越低，愿意买粮食的人就越多；粮价越高，愿意买粮食的人就越少。

另一方面，还要注意的是，粮食需求曲线缺少弹性，也就是说，人们的需求数量对其价格的变化不是很敏感。当粮价下跌时，对粮食需求数量尽管会增加，但不会增加很多，其主要的原因在于：粮食是一种必需品，对粮食的需求最主要是由人们对粮食的生理需求所决定的，这种需求量不会有大的起落。此外，对大部分人来说，用在粮食方面的花费在全部花费中所占的比例已很小了，并且随着人们收入的提高还会越来越小，这也导致了人们对粮价的变化反应不敏感。

认识到粮食市场的这一特性后，就不难理解下面的现象：当粮食大幅增产后，粮食多了且难以储存，农民为了卖掉手中多余的粮食，只能竞相降价。但是由于粮食需求缺少弹性，只有在农民大幅降低粮价后才能将手中的粮食卖出，这就意味着，在粮食丰收时往往粮价要大幅下跌。如果出现粮价下跌的百分比超过粮食增产的百分比，就会出现增产不增收甚至减收的状况，这就是"谷贱伤农"。

46 为什么消费者讨价还价也占不到便宜？

在人们的日常生活中，购物是必不可少的，而在购物中讨价还价也是常见的。虽然有些人特别享受讨价还价的过程，但在经济学家看来，消费者基本上不可能从讨价还价中占到便宜，其原因就在于买卖双方对商品的了解存在信息不对称的情况。

对于消费者来说，主要目的是能够以更少的钱去购买自己喜欢的商品，从而更多地获得快乐。在这种心理驱动下，如果卖方提出的售价过高的话，消费者就会有极大的动力去讨价还价，使得价格慢慢下降。但问题在于消费者对所买商品的成本和质量并不完全了解，对什么是最低价和合理价心中无底，因此当价格降低到消费者心理价位的时候，多数消费者就会掏钱购买。这也就意味着消费者无论如何讨价还价，也不可能占到便宜，到头来只是多付一点钱或者少付一点钱的区别。

与此相反，对销售方来讲，由于他掌握有关商品的质量和成本等完全信息，他自然很清楚自己所卖东西的成本以及相应的最低价。此时，如果消费者愿意出的价格低于此商品的最低价格，任何一个

卖者都不会出售该商品的；只有当消费者出的价格高于商品的最低价，即卖方能够赚钱的情况下，双方才可能成交。

47 为什么贫穷落后地区愿意多生孩子？

计划生育曾作为我国一项基本国策实施多年，其具体效果在经济相对落后地区和经济相对富裕地区显著不同：前者愿意多生，后者则愿意少生。从经济学原理来分析，这是因为人们对生孩子的预期成本和收益不同，从而导致对生孩子的意愿不同。

具体来讲，在经济相对落后的地区，人们抚养一个孩子的成本比较低，就是俗话说的"做饭时多加一碗水"，对于孩子的教育、就业前景则考虑甚少；而孩子长大后，不仅能够成为家里一个必不可少的劳动力，可以出去打工挣钱，甚至是家庭和别人发生冲突时的一个安全因素。同时，这些地区的养老、社会保障水平较低，小孩长大后是父母当然的养老保障，子女多不仅能够提高父母年老后生活的保障水平，也能降低每个孩子赡养父母的成本，所以，生孩子的预期收益大大超过成本。

在经济比较富裕的地区，父母更能够意识到教育对孩子的重要性，对孩子未来的发展也予以更多的关注。在这种情况下，他们对孩子的教育投入更多，也就需要更多的成本支出，如金钱、精力等。同时，由于经济比较富裕地区的养老、社会保障的水平较高，孩子虽然有赡养父母的义务，但父母依靠子女的程度大大低于贫穷的地区，所以，对多生孩子的预期收益相对而言比较低。在预期成本大于收益的情况下，一些经济富裕地区的家庭不愿多生孩子也就不难理解了。

48 为什么"新天地"的咖啡比较贵？

经济学告诉我们，同样的商品在不同地区以不同的价格出售，其背后的原因就在于不同地区的买或卖的数量不同；当同类商品有多个商家生产并销售时，如果某家的价格比较贵，其他的价格便宜，消费者就会选择价格便宜的商家去购买，此时索要价格较高的商家就会失去消费者。相反，如果一个地区内，某个产品只由一个或少数商家来提供，即使该商家或少数商家向消费者索要的价格比较贵，消费者由于没有其他选择，要想消费也只能支付较高的价格。

正因如此，同样的一杯咖啡，在上海新天地商圈的价格往往比在其他地方的价格高。对此，我们可以从两个方面来解释：一方面，对于咖啡馆来说，因为新天地只有很少的几家，他们几乎没有竞争对手，能够索要较高的价格而不担心消费者去其他咖啡馆；对于消费者来说，在上海新天地喝咖啡，由于只有几家，没有更多的选择，因此，他们也愿意付出较高的价格。另一方面，大多数消费者去咖啡馆不仅仅是为了喝一杯咖啡，更为重要的是看在什么地方消费。上海新天地作为一个著名的上海文化娱乐中心，具有较高的品位和独有的上海风情，在那里喝咖啡代表着一种休闲、一种时尚，更是一种消费的品位，其意义已不止于喝一杯咖啡，这也是一个享受文化、时尚和品位的过程。

49 为什么有些城市的电价白天高、晚上低？

随着社会和时代的不断发展，工厂机械化程度快速提高，人们生活中使用的电器不断增加，都加大了我国电力供给的压力。尤其在白天，由于工厂开工较多，用电量大，对于电力需求也大；而到了夜间，无论生产用电还是生活用电都大大减少。因此，夜间低量供电时，发电机组容量不能充分利用，造成资源的浪费。所以，有必要抑制白天高峰时段负荷，鼓励夜间用电，这就导致了峰谷分时电价的产生。

从经济学角度来说，峰谷电价就是电力企业基于电能产品消费时间的不同而采用的二级歧视价格策略。运用这种定价策略，企业根据消费者购买产品时段的不同，按照不同的单价出售。例如，浙江省是我国最先实施峰谷电价的省份，据浙江省电力公司的一份统计资料显示，使用峰谷电表后，用户的平均用电量增长22%，高峰低谷用电比例由原来的85∶15变为57∶43，夜间和白天用电量差距大大减小了；而且在享受峰谷电价后，居民生活电价平均为0.439元／千瓦时，比常规0.530元／千瓦时的电费降低了近0.091元，减轻了居民用户的电费负担。可见这种定价方法，抑制了高峰高价消费，鼓励低谷低价消费，无论是对电力公司还是对用户来说都是有利的。它既提高了低谷电力使用效率，增加了企业收益，又使用户节省了电费。

50　为什么各国要制定《反垄断法》？

作为社会个体，我们每个人都存活在社会竞争的战场上，在无形中参与着竞争。企业有了竞争对手的比较，才能共同进步，推动整体发展；竞争中有了压力，才能有动力更好地服务市场，从而形成一个卖方市场和买方市场的良性循环。举个例子，在现实生活中，我们大多数都使用常用的微软（Microsoft）电脑操作系统，仅有少数使用其他系统，如苹果电脑使用自己的专属操作系统；微软的一家独大，最直接的后果是使得微软操作系统软件的价格居高不下，产品的安全问题饱受争议。因此，微软在世界许多国家和地区都曾遭到反垄断调查和诉讼，并为此支付了高额的罚款。试想一下，如果经济市场上只剩下一些大企业在操控，而无数小企业拼得头破血流，世界还会和谐吗？答案是否定的。因为这样的后果将是：一方面，大公司和大企业等经济组织在社会上迅速发展，他们能创造更高的经济效益，掌握更多的社会资源，因而更加有能力提高经济效益；而另一方面，农民、小企业家饱受大公司、大企业的价格操纵之苦，惨淡经营。这会导致市场畸形，资源配置不均衡，小企业不能长期生存，市场都将顺从大企业实现自身利益最大化的发展战略，消费者更是深受其害。

1914年，美国政府出台政策反对垄断，反不正当竞争，保护了市场竞争的活力，保证了市场经济的正常快速发展。此后，80多个国家相继出台《反垄断法》。我国于2008年8月1日实施《中华人民共和国反垄断法》。

51 为什么有的商家售货要搭配其他商品？

生活中人们常常会遇到这样一种现象：购买某商品时就必须要购买另一配合使用的商品。这种现象在经济学上我们称之为"搭售"。"搭售"也被称为"附带条件交易"，即一个销售商要求顾客购买其商品 A 的同时也购买其另一种商品 B，并且把顾客购买商品 B 作为其可以购买商品 A 的条件。

"搭售"也是一种销售技巧，"搭售"的原因有很多：有时因为厂商生产的一种商品只有在与它的另一种商品一起使用时才能发挥作用，厂商就会要求客户向它而不是向别的商家购买后一种商品。例如，我们买了某品牌的电脑或手机，为使商品的质量得到保障，电脑或手机的售后服务以及更换零配件等都必须到该品牌指定的网点。厂商这样做，有时是为了保证商品的完整性，如果两种商品分开卖的话，会造成管理上的不便，例如，厂商往往会把鞋子和鞋带一起出售，尽管这两种商品完全是可以分开销售的，但是这样不仅可以节约销售时间，而且对消费者也是方便的；有时是为了控制品质，维护公司信誉，例如，柯达公司为了避免出问题时消费者搞不清是胶卷的原因还是冲洗的原因，而可能不敢再买柯达胶卷，要求顾客买了柯达胶卷后要拿回到柯达公司的冲印店冲洗，以避免其他商家冲洗不当而可能导致的冲洗效果不佳。当然，"搭售"还有很多其他原因，例如为产品进入市场减少壁垒、逃避价格管制、推销滞销商品等。

52 如果收入降低，女孩子最先削减哪些开支？

都说女孩子爱美是天生的，在经济承受能力允许的条件下，女孩子们都会尽可能多地消费化妆品和高档服装，来打造自己的美丽形象，或是为自己的美貌锦上添花。但是化妆品和高档服装并不是人类生存的必需品。试想假如有一天，你被迫要去荒无人烟的沙漠生存，让你选择带上水、面包、打火机、化妆品、高档服装等 10 件物品中的 3 件时，毫无疑问，化妆品和高档服饰会最先被排在此选项之外。类似这种非人类生存发展所必需的消费品，我们称之为奢侈品。

对于这种奢侈品，当它们的价格变高时，人们的相对购买力降低，那么人们用单位货币所换取的自身利益也就减少了，人们就会考虑减少对它们的购买。反过来，当人们的收入水平降低后，他们会觉得奢侈品的价格变高了，单位货币所能换取的自身利益也随之减少，人们的实际购买力降低了，于是也会减少对奢侈品的购买。这种现象，在经济学上称之为"收入效应"，其定义为由实际收入水平变动所引起的商品需求量的变动。

奢侈品是具有收入效应的，当人们的收入水平降低时，就不得不考虑减少对奢侈品的消费，从而能从心理上觉得自己依然"有钱"，并且保证了自己的正常消费水平。

53　为什么名人代言的商品总是卖得比较好？

名人代言的商品可谓比比皆是，为什么名人代言这么受商家的欢迎呢？这是因为名人代言的商品总是能销售得比较好，具有"名人效应"。所谓"名人效应"，是名人的出现所达成的引人注意、强化事物、扩大影响的效应和人们模仿名人的心理现象的统称。简单地说，名人效应相当于一种品牌效应，它可以带动人群，如同带动疯狂的追星族追星那样，产生强大的效果。

有这样一个故事能很形象地描述什么是"名人效应"：有个卖马的人，一连卖了三天都无人问津，他就去见相马专家伯乐，对他说："我要卖一匹马，可一连三天都无人过问。请您无论如何帮我一下。您只要围着我的马看几圈，走开后回头再望一眼，我奉送您一天的花费。"伯乐同意了，真的去市场上围着马看了几圈，临走时又回头看了看。伯乐刚一离开，这匹马的价格立刻暴涨了十倍。正是因为伯乐是名人，而且还是相马的高手，他表现出欣赏这匹马，人们觉得靠谱，所以趋之若鹜。

在现代社会，代言商品的名人分布在各个领域，他们各自拥有很多的"粉丝"，这些"粉丝"多多少少都会爱屋及乌，他们所崇拜的人代言的商品，往往能较快地得到他们的追捧，因而这种商品的销量也就会比较可观。所以名人代言商品，其实是利用名人效应对消费者的影响来达到促进销售的目的。

54 果园农场主为什么不向养蜂人收取采蜜费？

在一个村庄里，养蜂人和果园农场主毗邻而居。农场主在果园里种植果树；养蜂人在果园边上养蜜蜂；蜜蜂在农场主的果园里采蜜。按常理，养蜂人的蜜蜂去果园里采花来酿蜜，为养蜂人生产蜂蜜，果园作为生产蜂蜜的原材料供给地，果园农场主是可以向养蜂人收取一定费用的；可是实际上农场主并没有向养蜂人收取任何费用，这是为什么呢？

原来，农场主种植的果树需要授粉才能结出果实，而蜜蜂在采蜜的同时也在帮助农场主为果树授粉，结果使农场主节省了为果树授粉需要支付的成本；果园产量提高了，收入也增加了，这本身已经是提高了收益，于是也就没有必要向养蜂人收取蜜蜂采蜜的费用了。其实，我们从养蜂人的角度来看，也是同样的道理。对农场主和养蜂人来说，这是一种互利互惠的行为，双方都不需要支付任何费用便可以从中获益。

在经济学上，有一个最基本且很重要的概念叫"外部效应"，是指个体的经济活动或行为所产生的影响不体现在自身的成本和收益上，而是给他人或社会带来影响。当这种影响具有积极、正面的作用，并为他人或社会带来利益时，称为"正外部效应"。这个概念由经济学家科斯提出，果园农场主和养蜂人的故事正是他为了帮助人们理解"正外部效应"而列举的例子。

55　为什么消防队灭火不收费？

社会上的产品或服务种类众多，但从性质上可以分为两类：一是私人物品，二是公共物品。私人物品具有明确的产权，该是谁的就是谁的；而公共物品则不一样，它具有非竞争性和非排他性。"非竞争性"可以理解为物品被提供出来以后，增加新的消费者不会减少任何其他人对该物品的消费数量和质量，即增加新的消费者的边际成本为零；"非排他性"是指只要该物品一旦提供出来，就不能排斥其他人消费它，也就是任一消费者都可以免费消费它。由于公共物品的这两个特征，其成本或收益不一定由某个市场主体承担，你可能是公共物品的提供者，但不一定是收益的全部获得者，这种不对称关系决定了公共物品无法像私人物品一样生产和供给；在这种情况下，私人企业一般是不愿提供的，只能由政府代表公众无偿提供。

消防队提供的灭火服务之所以不收费，就是因为消防队提供的灭火服务属于公共物品。消费者的财产一旦失火，其损失大小不同，消

防队无法针对每次的灭火服务去收取不同的价格；此时，为了尽快灭火，降低社会财产的损失，就由国家代表公众利益，来向消防队支付他们提供灭火服务的费用。所以，在具体的失火事件中，由消防队去灭火是不另行收费的，这种服务的费用由政府代表公众支付。

56 为什么政府要负责修建公共设施？

你听说过灯塔经济学吗？早期的英国，航海业繁荣昌盛，由于缺乏导航服务，海上航行事故频发；为了满足航海者对导航服务的需要，一些临海人家建造了灯塔，为航海者提供导航服务。但管理和维护灯塔需要成本，灯塔建造者需要向过往船只收取一定费用才能维持生计，但过往的船只总是绕道或想方设法逃避交费，结果，灯塔建造者因入不敷出而关闭了灯塔。此事说明什么问题呢？

从经济学的原理看，灯塔是典型的公共物品，它温暖而明亮的灯光，服务所有过往的船只，即使有些远离灯塔航行的船主未付钱，还是可以享有灯塔的指引；灯塔建造者很难因为那些船主不付钱而把他们排除在灯塔的照明之外。这就是公共物品的典型特征：非排他性和非竞争性，即一个人使用这个公共物品时，并不能或很难排除其他人使用，同时，多一个人使用也不会额外增加公共物品的成本。

灯塔经济学告诉我们，像灯塔一样具有公共物品性质的公共设施，不可能通过私人或者企业来投资建造并向公众提供无偿的服务。然而，这些公共设施又是社会和人们生活所必需的，所以，只能由政府来负责修建。

57 为什么中小企业不愿花钱去开发新产品？

在经济学中，有一个著名的"智猪博弈"的故事：猪圈里有两头猪，其中一头大猪，一头小猪。猪圈的一头是按钮，另一头是投食口，每按一下按钮，投食口就会有食物掉进食槽。如果有一头猪去按按钮，另一头猪就有机会跑到食槽抢先吃掉下的食物。如果是小猪去按按钮，则在小猪跑回到食槽之前大猪已经吃掉了食物；如果是大猪去按按钮，则大猪回到食槽时还能吃到一半以上的食物。结果呢？小猪会站在食槽边不动，大猪则愿意为了每次能吃到掉下的一半以上的食物，而不知疲倦地奔忙于按钮和食槽之间。所以，小猪最好的选择是在食槽边等待，让大猪去按按钮。

面对激烈的市场竞争，从道理上讲，开发新产品应该是企业标新立异、独领市场的重要途径，可实际上中、小企业不太会投资于新产品开发，其道理和"智猪博弈"一样简单。大企业和小企业犹如大猪和小猪，如果大企业开发新产品，中、小企业可以从新产品开发的技术溢出效应中受益，大企业也不会丢失自己的市场份额。而如果中、小企业自己开发新产品，往往在新产品开发完成准备推向市场之时，却发现大企业已经占领了全部市场，不仅完全失去市场，而且还会赔本。谁愿意放弃坐享其成的机会而去做赔本生意呢？

58 为什么说"公平"和"效率"很难做到兼顾？

有这样一个小故事：汤姆和杰瑞是俩兄弟，其中汤姆是哥哥。妈妈每天都做一块蛋糕给汤姆和杰瑞分着吃，兄弟俩常为分蛋糕闹矛盾，总认为负责切蛋糕的人拿走的那一半一定大一点。有一天，妈妈说："你们俩谁切蛋糕，就最后拿自己的一半；谁不切蛋糕，就先拿自己的一半。"这样一来，不论切蛋糕的是汤姆还是杰瑞，他们都想方设法把蛋糕切成一样大小的两半，从此兄弟俩相安无事。由此可见，故事中妈妈设计的"切蛋糕规则"同时实现了公平（平分蛋糕）和效率（兄弟俩相安无事），再也不会因蛋糕分配问题而发生矛盾。

然而，现实生活远比切一块蛋糕复杂得多，"公平"和"效率"很难做到兼顾。关键在于，"公平"是一个道德理念，远比平均分配这个表面概念复杂得多。同样是切蛋糕的故事，只要前提条件稍加变化，妈妈的切蛋糕规则可能就是不公平的了：假如汤姆的年龄比杰瑞大很多，胃口也大得多，那么平分的结果可能是杰瑞吃得很撑，而汤姆只能吃个半饱；长年累月下来他一定不会觉得满意，进而再次与弟弟发生矛盾，那么这种公平就是缺乏"效率"的。然而，究竟该怎么分配呢？是按体重分，还是按兄弟俩平日的饭量分？总之，不管怎么分，都比平均分配要复杂得多。至于在更为复杂的现实生活中，要兼顾"公平"和"效率"自然就更困难了。

59　收入的绝对平等与绝对不平等哪一个好？

瑞奇是乌有村唯一的富人，酷爱喝酒。乌有村的村民比尔开了一家啤酒厂，生产的啤酒大多数卖给了瑞奇一家，其他村民只在遇上红白喜事时，才会买上一些。事实上，多亏有了爱喝酒的瑞奇，比尔酒厂的啤酒才不愁销路。

然而，圣诞节前后，情况就不太一样了。这时候，每个家庭都想买点啤酒，庆祝一下节日的到来。此时，尽管比尔酒厂加班加点生产，但仍满足不了需求。于是，比尔干脆决定谁出的价高卖给谁，结果是瑞奇家买走了所有的酒。村民们被激怒了，就去找瑞奇和比尔理论。瑞奇觉得错在比尔，自己因为出价高还吃了亏；比尔也觉得挺无辜，因为人多而酒少，只能是谁出价高卖给谁。

从经济学角度看，村民的愤怒是正常的，瑞奇和比尔的反应也是正常的，如果说这件事有错，就错在这是一个收入分配十分不均的村庄，瑞奇是这个乌有村唯一的富人。因此，小部分人占有大部分人的财富，会带来一系列的社会问题；前者过多地占有社会财富，后者的生活就会发生困难。但是，我们也不能说平均分配财富就一定是好的，如果瑞奇的财富平分给村民，而这个村子的人口特别多，落到每个人头上的钱相当有限，因此平时很少有人去买啤酒，这样，比尔的酒厂就可能由于无人光顾而倒闭，最终大家在圣诞节都将无啤酒可喝。因此，收入的绝对平等与悬殊都不是好事。

60　为什么无人看管的牧场会被过度消耗？

　　1968 年美国学者哈丁在《公共地悲剧》一文中描述了这样一个场景：一群牧民在一片公共草地上放牧，为了增加个人收益，每一个牧民都尽可能多养几头牛，并继续在这片草地上放养；结果牛的数量超过了这片公共草地的最大承受能力，草地最终成为一片不毛之地。这就是著名的"公共地悲剧"。

　　没有人看管的牧场可以看作是一种天然的公共资源，任何人都可以利用草地，但不需要付费，也不需要担负任何责任，因此每个人都可以无限制地使用。此外，每个人都认为，如果我充分利用这片草地，就能提高自己的收益，结果他们都这么想也这么做了。这种个人的决策变成了集体的行为，最终可能导致这片无人看管的草地被过度开发和利用，出现灾难性的后果，上演"公共地悲剧"。

这种"公共地悲剧"在生活中并不少见：森林被过度砍伐，矿山资源被过度开采，鱼类被过度捕捞，以及河流和空气受到严重污染等，这些都是"公共地悲剧"的典型例子。

61　为什么人们预料电视机要降价时，电视机的价格会快速下降？

当人们决定是否购买某种商品的时候，一个起决定作用的因素就是对欲购商品未来价格走势的预期。对大多数消费者而言，如果估计这种商品将要降价，就会控制当前的消费，以便等该商品降价后再买，从而以较少的钱购买同一个商品；相反，如果消费者估计这种商品将来要涨价，则意味着将来要付出更多，为了降低费用，消费者就会选择当下购买。

就电视机而言，消费者如果根据自己的经验，预计它会在不久的将来降价，则会比较两个选择：当上购买还是将来购买。如果当下购买，可以马上满足需要，开支却可能会高些；如果将来购买，可以节省自己的开支。一般来说，消费者即使当下就需要电视机，也会选择推迟消费，等到降价时再购买。当大多数消费者抱有同样的预期时，将直接导致电视机的购买量大幅度下降，这时在电视机市场上就会出现电视机的供给大大超过电视机的需求，电视机的销售价格就会逐步降低；而电视机价格一旦开始下降，会进一步印证消费者对电视机价格下降的预期和判断，为了以更低的价格来购买电视机，消费者会改变原来的计划，继续等待电视机价格进一步下降。这将导致电视机的购买量以更大的幅度下降，市场上供大于求的现象更为严重；企业为了提高销售量，只有进一步降低电视机价格……如此反复循环，使得电视机的价格以更快的速度下降。

62　为什么说"跳蚤市场"上的低档品会越来越多？

"跳蚤市场"是欧美等西方国家旧货市场的名称，它由一个个地摊摊位组成，出售的商品多是人们使用过或者家中多余的物品（未曾用过但已过时的衣物等），小到衣服上的小装饰物，大到完整的旧汽车、录像机、电视机、洗衣机，品种繁多。跳蚤市场上的商品价格低廉，仅为新商品价格的 10%－30%。人们可在跳蚤市场上把自己不需要的物品变成别人需要的物品，这和大学里每逢毕业前后，都有师兄、师姐清理出不需要的物品变卖一样。我国最有名的跳蚤市场是北京潘家园市场，据称这里是世界十大跳蚤市场之一。

由于跳蚤市场上出售的都是旧货，显然卖家比买家更了解自己所卖的货物信息；但买者肯定不会相信卖者的话，即使卖家说得天花乱坠，买者唯一的办法就是压低价格，以避免所购货物因质量不好所带来的损失。而买者支付过低的价格也使得卖者不愿意提供高质量的产品，这样就导致市场上高质量的产品越来越少，低档品则越来越多，最终低档品会充斥于跳蚤市场。

63　为什么雨天难打车？

在我们日常生活中，"打的"是一个十分平常的现象。在"打的"的时候，大家不难发现，当天气晴好时，很多出租车都是在空驶，你随时可以打到出租车；但天气不好如下雨、下雪时，尤其是在上下班高峰期，你想要很快打到一辆出租车是非常困难的。这又是为什么呢？

从经济学角度来看，这个问题并不复杂，原因在于出租车的提供数量和愿意打车的乘客需求量不匹配。具体来讲，天气晴朗时，人们往往会逛街、散步、购物等，出行可以选择步行、公交，也可以打出租车。仅仅从出租车供求方面看，这个时候人们需要的出租车数量比较少，多会发生供大于求，空驶的出租车比较多而人们容易打到的情况。但是，一旦天气下雨，或因事先不知天气变化未带伞，为及时避雨，更多的人就不会步行外出了，公共交通车辆随之而拥挤；在这种情况下，会有更多的人选择乘坐出租车。由于打车的人多了，出租车总量却没有变，供不应求，结果就会导致很多人难以打上车。您可能会问，为什么不增加出租车数量呢？这是因为，一个地区的人口数量不会在短期内出现剧烈变化，出租车总量只能根据该地区在正常情况下所需要的数量来确定，而不能按照雨雪等异常天气的需要量来定；同时，出租车多了以后，还可能造成交通拥挤并增加环保压力。

64 为什么白酒越陈越贵，而绿茶越新越贵？

不同的商品有不同的价格，有的高有的低，那么商品的价格是由什么来决定的呢？按照经济学的理解，人们愿意为商品支付的价格主要由人们消费商品时所得到的满足程度来决定；而有一些特殊的商品，如酒、茶叶等，它的价格主要和商品的生产时间有关。例如，我们生活中常见的品牌白酒，如果保存得比较完好且存放的时间较长的话，它的价格就会比较贵，其原因在于酒的品质随着保存时间增加而有所提高；同时，人们对陈年品牌，如具有历史积淀和特有文化内涵的茅台酒，其喜爱已经不仅在酒本身的物理性能，更多的是追求一种品位和文化，由此也会提高它的价格。

相反，绿茶价格则是越新越贵，如杭州西湖龙井茶，作为我国的名茶之一，每年清明前采摘的称为"明前茶"，因其采摘期短、数量有限，价格最高；其他绿茶也是由于采摘初期量少而价高。清明节后，随着茶叶的大量采摘、上市，其价格则逐步降低。因此，在市场上表现为刚上市的新茶价格最贵，而越往后产出的价格越便宜；陈年绿茶因存放时间久，茶叶不再新鲜，失去了其特有的芬芳而价格更低。

实际上，制衡白酒价格很重要的一个因素就是保存的时间，而决定绿茶价格的重要因素是数量、上市的时间。这两种商品一个表现为越陈越贵，一个表现为越新越贵，就在于不同商品的价格决定因素不一样。

65 为什么乘客和司机都害怕堵车？

我们都打过出租车，你是否有过长时间堵车而计价器不断"跳价"而心惊肉跳的经历呢？其实，当你心惊肉跳时，出租车司机的心里也很着急。比如，在城市打的时，一旦遇上堵车，对于乘客来讲，就意味着无法按时到达目的地；同时，在堵车时，出租车照样会按时收费，堵车时间愈长，乘客的付出也就愈多。乘客害怕堵车自然可以理解，可为什么司机也害怕堵车呢？堵车等候的时间乘客不是也要付费吗？

其实，事情并不那么简单，因为对出租车司机来说是多拉一趟客人挣得更多。根据出租车出的"份子钱"和耗油费等出车成本，出租车司机每天挣多少钱是有最低标准的。发生堵车时，虽然司机可以根据堵车时间来收费，但乘客为堵车时间支付的费用远远低于出租车正常行驶时的收入，司机在堵车时获取的收入其实是不划算的。另外，司机每天驾驶的工作时间是有限的，如果堵车严重，什么时候能畅通无法确定，这时出租车司机虽然很着急，但他无法改道行驶，也无法拉乘新的客人，所能做的只是等待；堵车时间愈长，司机在有限的时间内拉乘的客人就愈少，也就意味着他的损失愈多。所以，出租车司机和乘客一样都担心堵车。

66 为什么开业时商品价格定得特别优惠？

上海淮海路是一条闻名全国的商业街。在那里，很多商场在开业时商品价格定得比较优惠，因而吸引了很多顾客。但过了一段时间后，细心的消费者会发现商场里面商品的价格已经没有开业初优惠了。其实，这个现象在经济学中可以用"渗透定价"来解释。这是一个心理定价的策略，这些商场在开业之初把价格定得较低，能够迅速地吸引顾客，聚拢人气，增大自身的影响力和知名度，也能够通过降低自身的利润来和其他商场抢夺顾客，实现销售额的大幅度提升；而较大的销售额保证了商场可以以较低的价格销售，可以说是以"量"来换取"利润"，形成一个良性循环。

需要注意的是，这种策略在实际应用中也有不足：一方面，优惠定价降低了商场的利润空间，如果不能大幅度提升销量的话，则无法弥补降价带来的利润损失；另一方面，如果价格一直比较低，会降低商场在顾客心中的档次；另外，如果其他商场也采取价格优惠策略的话，商场之间会陷入价格战，对大家都不利。因此，过了开业阶段转入正常经营时，商家一般都会取消优惠。

67 为什么把学历作为选择人才的重要依据？

对于一家企业而言，能够招聘到有能力的人才是十分重要的。但如何判断一个人是否有才能以及才能的大小，则是一个比较复杂的问题。在现实生活中，企业固然重视应聘者的实际能力，但在招聘中，仍然不会忽视其学历的高低。表面看来，这是矛盾的，但实质上有其合理性。企业之所以把高学历作为选拔人才的一个重要依据，并非是企业不重视应聘者能力，相反，这种选择本身就是重视其能力的表现。因为对企业来讲，难以在有限的招聘时间内了解每个应聘人；而一个人的学历高低虽不能说明其能力高低，但可以说明这个人有无良好、正规的教育背景。在这里，学历向企业传递的信号是：拥有学历者比没有学历者更有可能是一个人才。

当然，一个没有接受过任何正规教育培训的工人，完全有可能具有很好的潜在能力，甚至比拥有学历的人能力高；但在一个公司接纳他以前，这种能力缺乏一个合理的、有一定权威性的证明。尤其是该工人和高学历者在一起面试时，工人难以有明确的信号向公司表明自己是一个人才；而拥有高学历者至少说明他在受教育阶段是成功者，一定程度上代表了较高的综合素质和知识水平，这一点在其个人能力没有得到更好的验证之前较能得到企业的认可。

68 为什么人们喜欢在减价时购物？

在现实生活中，大多数人都是工薪阶层，他们的收入相对于其对生活的需求不是太多而是太少，于是，人们购物时要重点考虑如何用更少的钱来买到更多的东西。经济学上有一个重要的定理被称为"需求定理"。它告诉我们，影响人们购买东西的因素很多，如自己收入的高低、商品价格的高低等；其中，收入的高低和购物数量成正比，价格的高低和购物数量成反比。由于人们的收入在短时间里是不变的，因此，如果他们要想购买到更多的东西，就需要节制消费，等到物品价格降低时才能出手。

另外，人们买到便宜的东西会产生一种满足感，这种感觉在经济学上被称为"消费者剩余"，它实际就是消费者购物时愿意付出的金额和实际付出的金额之间的差额。比如，你去买一部手机，你心中的期望价是 1500 元，遇到厂家在搞活动"让利大促销"，你最终以 1000 元价格成交了；此时，你会感到很划算，心中非常高兴。相反，如果你以 1500 元的价格购买了，那你的满足程度就会降低很多。由此可以看出，消费者大量购买减价商品，归根结底在于他们对商品价格的心理评价高出了当前的实际价格，所以购买这种商品的动力和愿望就会很强。

69 为什么古青花瓷能够卖到天价？

在拍卖会上，我们会看到，某些拍品明明没有什么实际用途，但价格反而高得离谱。比如，一件不能吃、不能喝，只能用来欣赏的青花瓷竟然能够卖到天价。也许有人不理解这是为什么？但在经济学家看来，道理很简单：人们对商品愿意支付的价格与他对商品的喜欢程度有关。具体说来就是，当人们特别喜欢某件商品并达到狂热的程度时，商品的价格就不再是主要的考虑因素了。这就犹如在拍卖场上的青花瓷一样，虽然它看起来没有使用价值，但在一个酷爱青花瓷的人看来，它代表着瓷器文化。有珍贵的稀缺性，这些因素将促使喜欢它的人，无论价格多高，只要承受得起，就会慷慨解囊。

当然，如果一个人，他对收藏青花瓷根本不感兴趣，那么，即使这个瓷器的价格非常低，他也不会去购买的，更不用说支付天价了。这就是"货卖行家"的真正含义。在这里，行家就是真正懂得青花瓷的稀有性和收藏价值的人，他们是发自内心地喜爱这些艺术品；凡是精品，只要一入眼，他们就会千方百计收入囊中，哪怕付出极高的代价。

70 为什么电影开场后票价会打折？

相信大家都到电影院看过电影，但你发现没有：电影放映前的票价一定是全价，而电影开始15分钟且电影院仍有座位时，票价就可能半价出售。之所以会出现这样的情形，关键在于电影院和看电影的人都能获利。

对电影院来说，它的主要目的是获取票房收入。电影放映前，电影院自然是全价售票；但开始15分钟后如还有空座时，电影院就要考虑如何能多收回一些钱。不难想象，如果这些座位一直空着，电影院就不会增加任何收入；如果电影票贱价出售的话，即便是半价，电影院至少也可以获得一些收入，也不会因此增加任何成本。

对想看电影的人而言，如果电影已开始15分钟，已无法观看到完整的电影，他是不会愿意按照原价来购买电影票的；相反，如果能够以半价来买电影票的话，他或许会感到这是比较划算的事情。在这样的情况下，电影院获得了收入增加的好处，而看电影的人也以较低的价格看到了大半场电影，双方都各取所需，皆大欢喜。

71 为什么女模特的知名度和收入水平都高于男模特？

辛迪·克劳馥，这个 16 岁还在路边卖玉米的小姑娘，经过自己的努力成为年收入 650 万美元的超级名模，她曾入选《财富》杂志 20 世纪收入最高的模特。但令人费解的是，同样是超级名模，如果是男性，不仅知名度有限，而且收入也无法与女模特相比。这是一个普遍现象，对此，有经济学家研究发现，模特的收入是和时装的销售额密切相关的。

一个普遍的事实是，在全球任何一个地方，女性花在衣服上的费用远远高于男性，这也为女装公司带来了高额的利润。在这样的情形之下，女装公司为了扩大它们的品牌影响力，自然愿意向女模特支付更高的工资。相比之下，男性在选择服装时对模特的关注度往往不如女性，因此男模特的收入就会低很多。生活中类似的现象不少，比如，在员工招聘中，在具备同样工作能力的前提下，名牌大学毕业生受聘概率就高很多。其原因在于，对企业而言，聘用更多名牌大学的毕业生是自身形象的一种体现，这至少可以对外传递一个信息：我们企业的实力是非常雄厚的，否则，那么多高素质的人才为什么都愿意到我们的企业工作呢？

72 为什么第一张生肖邮票的价格能翻十几万倍？

邮票、钱币等收藏品的价格，常会随着时间推移而上涨。一张发行于 1980 年的生肖猴邮票，2011 年就从原价 8 分钱一路攀升到了 12000 元。今天，有许多人都在调侃："假如当时我买它 100 张的话，现在我就成了百万富翁喽！"经济学关心的问题是，为什么一张纸质印刷品，能够卖到这么高的价格，究竟是什么因素在起作用呢？

邮票价格的高低，与其发行量有很大关系。这张"猴票"当年发行了 600 万张，而且很多都已被用于寄信了，因此，有一张崭新的、首次发行的"猴票"确属难得。因为，邮票收藏者都知道，邮票发行量通常在 2000 万枚以上，而当年猴票的发行数量仅 600 万枚。还有一个重要的因素是市场需求极大。在集邮界有这样一种说法："玩邮票是否专业，衡量标志之一就是是否拥有'猴票'。"正因为此，拥有"猴票"成为众多集邮爱好者的梦想，许多人甚至不惜出高价去买这张邮票。但即便如此，依然是一票难求，大多数人甚至无缘一睹这张令人神往的邮票。这里道出了一个经济学规律，这就是在物品保持一定数量的前提下，人们的需求就成为主导物品价格的唯一因素。这一规律有助于我们理解为什么会出现一些看似没有任何用途，却受人追捧的物品，如名贵瓷器以及名人（尤其是已故名人）的字画，成交时可以达到"天价"。

73 为什么"初生牛犊不怕虎"？

大家都听说过"初生牛犊不怕虎"这句俗语吧。在自然界里，老虎算是牛的天敌，牛怕老虎是正常的；然而，刚刚出生的小牛犊，由于没有见识过老虎的厉害，所以不知道怕它。这句话用来比喻年轻人做事很少顾虑，敢作敢为。

通常而言，人们都会觉得拥有更多的信息一定是好的，因为这样可以帮助人们对接下来的行为决策作出更合理的判断。但现实却不都

如此，有时人们知道得越多，反而会瞻前顾后，迟疑不决，最终错过最佳决策时间，蒙受巨大的损失。与中老年人相比，年轻人阅历浅，所受到的羁绊就少，遇事会快速作出反应；这样失败的概率固然不小，但只要有一次获胜，他就可能成为成功者。这里需要强调的是，我们并不是将多拥有信息看作是坏事；大多数成功人士的案例均证明掌握丰富的信息更有利于促进个人的发展，这些信息包括前人积累的实践经验，以及自己掌握的理论知识等。

宏观经济学

74 美国次贷危机是金融创新惹的祸吗？

相信大家对美国次贷危机都略有所闻。在危机发生之前，许多美国的金融人士每天都在从次级债中赚取着巨额的财富，但这种财富不是现金，而是账面数字。突然有一天美国的房地产出了问题，那么，所有捆绑在房产上的债券、期权等纸质凭证就变得一文不值，结果那些前期买了这些次级债券的人或机构，都血本无归，甚至资不抵债。现在有许多人在反思这场危机究竟是如何形成的，并将罪责归咎于华尔街那帮金融创新人士，但问题却不仅于此。

大家试想，当整个环境都在误导人们做错事的时候，危机离人们还会远吗？同样的道理，市场经济原本只是引导和激励人们去追求自己利益的工具，当这种工具成为"谁说谎谁就赚钱"的扭曲怪物之时，就离经济危机不远了，次贷危机就是这样发生的。因为，每一个人只是在想方设法去买"凭证"，然后再把它卖出去，而没有人去考虑"凭证"背后有没有实际的赢利，以及这个赢利是否能支撑这个价格，大家都生活在一个"乌托邦式"的财富梦幻之中，结果，哪天梦醒了，危机就到了。正是金融工具过度创新、信用评级机构利益扭曲、货币政策监管放松导致了美国次贷危机的发生。从根本上讲，完全自由竞争的市场经济确实是盲目的，它往往会让人们在追求利益的过程中迷失自我，也正因为如此，金融调控政策必须顺应经济态势，符合周期性波动规律。这就需要政府有关部门在加强金融监管、健全防范机制的基础上，推进金融产品及其体系创新，及时引导和规避那些错误的发生。

75 为什么不同的促销表述会产生不同的效果？

人们对同一问题不同的表述有不同反应，是一种非常普遍的现象。在没有学习经济学之前，我们通常将它归为语言逻辑问题，但行为经济学却告诉我们，这实质是"框架效应"在起作用。

所谓"框架效应"，英语称为 Framing Effects，它是指一个问题在逻辑意义上相似的两种说法导致了不同的决策判断。也就是指：当消费者感觉某一价格带来的是"损失"而不是"收益"时，他们对价格就越发敏感，进而会作出不同的决策。

为了解释"框架效应"，我们来看下面的例子：在 A 加油站，每升汽油卖 5.6 元，但如果以现金的方式付款，每升可以得到 0.6 元的折扣；在 B 加油站，每升汽油卖 5 元，但如果以信用卡的方式付款则每升要多付 0.6 元。显然，这两个加油站用现金购买汽油的经济成本是一样的。但大多数人认为：A 加油站要比 B 加油站更吸引人，因为，前者是与某种"现金折扣收益"联系在一起的，后者则是与某种"加价的损失"联系在一起的。研究发现，上述差异的原因在于权衡一个交易时，人们对于"收益"的重视要比同等的"损失"大得多。因此，企业在进行定价或促销时，应该将之与"收益"而不是"损失"联系在一起，从而有效激励消费者购买。

76 种小麦的美国农民为什么还要买面包吃？

美国种植小麦的农民到市场上买面包吃，而不是亲手制作面包，这种现象在经济学上称为"社会分工"。所谓社会分工，就是社会成员从事不同的社会生产活动，进行专业化生产，从而使得产品的生产成本降低。

种植小麦和制作面包是不同的工作，种小麦的农民在小麦种植这个岗位上可以熟练且高效率地工作，但是若换到制作面包这个岗位上，由于没有经过培训和长时间的实践，必然不如专业制作面包的师傅来得熟练。因此，同样制作一块面包，种植小麦的农民需要花费更多的时间和精力，也意味着更高的投入和成本；而这些时间和精力用在他所擅长的小麦种植上，则能够生产出更多、更好的小麦。这样看来，购买现成的面包是个更明智的选择。同样的道理，面包师也不会自己去种植小麦来生产面包。

随着社会的发展和科技进步，社会分工也在不断优化和细化。从小麦种植到面包出炉，中间经历了包括小麦收割、加工、运输、仓储等多个环节，这些环节的工作分别由不同的社会部门承担，大大提高了社会效率。

77 为什么说增加货币发行数量不是一个好的 宏观经济政策手段？

通货膨胀是指因纸币发行量超过商品流通中的实际需要量而引起的货币贬值现象。当吃、穿、住、行方面的价格在一段时间内普遍上涨时，我们就称之为"通货膨胀"。根据其成因，通货膨胀主要分为：因总需求的过度增长而引起的通货膨胀；因成本上升引起的通货膨胀；在没有需求拉动和成本推进的情况下，经济的结构性因素的变动引起的通货膨胀。

当经济萧条的时候，国家会采取宽松的货币政策，增加货币发行，目的在于拉动需求使经济恢复繁荣。货币既是推动经济增长的动力，又是诱发通货膨胀的直接原因。扩大货币的供给量是国家抑制经济萧条的一项宏观经济政策，在短期内能刺激经济的增长，但长期施行有害无利。

如果发生因成本（即成本上升引发）的通货膨胀，现行总需求所能购买的实际产品数量就会减少。这会引起实际收入和产量下降，失业上升，实际储蓄和投资减少，经济增长率也会下降。

另外，随着价格持续上升，人们认为它会再度升高，为了不让闲置的储蓄和现行的收入贬值，人们宁愿在价格上升之前把它花掉，这就会产生过度购买的现象，从而导致经济混乱。那些靠中、低收入维持生活的人生活质量会下降。

因此，从长远来看，增加货币发行量不是一个很好的宏观经济政策手段。

78 一国国内经济总量是将市面上所有出售商品的价值相加得到的吗？

GDP 是 Gross Domestic Product 的缩写，也就是国内生产总值，是指在一定时期内（一个季度或一年），一个国家或地区的经济中所生产出的全部最终产品和劳务的市场价值总值，常被公认为衡量一个国家或地区经济状况的最佳指标。它不但可反映一个国家的经济表现，更可以反映一国的国力与财富。

市面上出售的产品包括原材料、中间产品和最终产品。比如对一家面包厂来说，小麦是原材料，面包是最终产品（为了便于理解，其他辅助材料暂且忽略不计），但面包厂也可以通过购买面粉这个中间产品作为其生产面包的原材料。一位农夫将价值50美元的小麦卖给了面粉加工厂，小麦经过加工成为面粉后，价值产生增值，因为凝结在其中的无差别的人类劳动增多。面粉厂的老板将价值60美元的面粉卖给了面包厂，60美元当中包括50美元的成本和所增加的价值10美元；面包厂将面粉加工成总价值80美元的面包，然后卖给消费者，这80美元当中包括60美元面粉的成本和20美元的价值增值。在这一过程中，所创造的GDP只能是80美元，而不能是 $50+60+80=190$（美元）。因为，价值80美元的面包只有20美元是面包厂创造的，$50+10=60$（美元）是生产面包的成本，即农民创造的50美元价值 + 面粉厂创造的10美元价值。如果按照将市面上出售的所有商品的价值相加来计算该经济活动所创造的GDP，就会出现以上重复计算的情况：农民创造的价值被计算了三次，面粉厂创造的价值被计算了两次，即 $50+（50+10）+（50+10+20）=190$（美元）。所以国内经济总量不是将市面上所有出售的商品的价值相加得到的，而是全部最终产品和劳务的市场价值总值。

79 为什么GDP不能切实反映老百姓的实际生活状况？

GDP，即国内生产总值，是目前通用的重要宏观经济指标，具有综合性强和简便易行的优点。但是，国内生产总值并不能全面反映经济增长的质量和结构，不能全面反映人们实际享有的社会福利水平和生活状况。

首先，GDP无法全面衡量老百姓的收入状况。人们的幸福程度、经济福利的大小还取决于一个社会的收入分配状况。无论是GDP也好，人均 GDP 也好，反映不出收入分配的状况。我们考察一个社会的幸福状况，不是看一部分人甚至少数人是否幸福，而是看所有的人是否幸福。一个社会如果收入差距悬殊，即使这个社会 GDP 高，人均 GDP 也高，也不能说明是一个幸福的社会。GDP 在某些方面的确能够反映经济发展的趋势及好坏，但是不能切实反映社会现状，反映老百姓的生活状况。

其次，GDP 无法衡量老百姓的精神生活。从物质意义上说，老百姓的生活状况取决于我们经济活动中所创造的一切产品与服务。但按现行的统计方法，GDP 中有许多遗漏。GDP 衡量的是通过市场交易并有价格的东西，诸如在非经营型场所听音乐、看电影、运动、参观等非经济活动，虽然未统计在 GDP 中，但老百姓从中获得的满足感和幸福感却是影响其生活质量的重要因素。

80　外汇储备过多会给经济带来怎样的影响？

外汇储备是一国所持有的、以国外银行存款与外国政府债券为主要形式的流动性资产。外汇储备在维持本币（本国货币）的稳定上发挥着很大的作用，充足的外汇储备还能够弥补国际收支的逆差，能够满足对国外先进产品、技术的购买和对外投资需求。外汇储备的迅速增长是一国综合国力增强的标志，有利于维护国家和企业的信誉，拓展国际贸易，吸引外资。

但外汇储备过多则会给经济带来不利的影响。在其他条件不变的情况下，外汇储备过多，就要求中央银行投放基础货币，加剧本国通货膨胀的压力；外汇储备过多，意味着在市场上外汇供给大于需求，迫使本币升值，从而减低本国出口产品的竞争力，不利于本国的经济增长；外汇储备过多，还会增加汇率风险。例如，某国持有大量美元作为主要外汇储备，若美元贬值，则该国的储备资产将严重缩水。

此外，外汇储备过多还会使本国失去国际货币基金组织的优惠贷款。根据国际货币基金组织规定，外汇储备充足的国家不但不能享受该组织的优惠低息贷款，还必须在必要时对国际中发生困难的其他成员国提供帮助。

外汇储备过多在一定程度上削弱了宏观调控的效果。随着外汇储备的增长，外汇占款投放量不断加大，这会从结构上削弱宏观调控的效果，加大人民币升值的压力，使央行实施货币政策的空间越来越小。

81　为什么在经济学中失业率不可能为零？

失业率是指失业人口占劳动人口的比例，即一定时期全部就业人口中有工作意愿而仍未有工作的劳动力比例，对其进行统计，旨在衡量闲置中的劳动产能，这是反映一个国家或地区失业状况的主要指标。失业可以分为自愿性失业与非自愿性失业。非自愿性失业是指如果生活必需品的价格相对货币稍有上升，在现行货币工资水平下愿意工作的劳动总供给量和在此工资水平下的劳动总需求量都将大于现有就业量，那么劳动者就处于非自愿性失业状态。非自愿性失业又分为：摩擦性失业、结构性失业、季节性失业和周期性失业等。摩擦性失业是指人们在寻找工作或转换工作过程中的失业现象；结构性失业指市场竞争的结果或者是生产技术改变而造成的失业；季节性失业是指农业、营建业与旅游业等特别容易受季节因素影响而引起的失业；周期性失业是指由于总需求不足而引起的短期失业，一般出现在经济周期的萧条阶段。

宏观经济学认为，经济社会在任何时期总存在一定比例的失业人口。由于人口结构的变化、技术的进步、人们的消费偏好改变等因素，社会上总会存在着摩擦性失业和结构性失业等现象，由此产生了"自然失业率"这一概念。自然失业率是一个不会造成通货膨胀的失业率。从整个劳动力市场看来，任何时候都会有一些正在寻找工作的人，经济学家把在这种情况下的失业比例称为"自然失业率"。经济学家对自然失业率的定义，是"充分就业状态下的失业率"，或"无加速通货膨胀下的失业率"。在经济学家的眼中，由于自然失业率的存在，失业率不可能为零。

82 为什么在经济萧条时期买东西的人少而价格却很少降低？

在经济生活中，一般"涨价容易降价难"，这一现象可以用宏观经济学中价格刚性理论予以解释。

许多经济学家认为，由于市场竞争被垄断所替代，因此物品的价格是由处于垄断地位的大公司操纵的，因而形成了"价格刚性"，即价格在确定后不易下降，导致价格缺乏弹性，物价经常处于较高的位置上。

价格刚性理论是针对均衡价格理论而言的。按照均衡价格理论，市场价格会根据供求关系的变化而自动进行灵活的调整，但实际上，企业价格调整往往滞后于供求的变化。经济中的垄断厂商是价格的决定者，能够选择价格。他们承认交货滞后、服务与协作失败、成本加价、隐含契约、明确的名义契约和价格调整成本等是造成价格刚性因素。就拿价格调整成本来说，对厂商而言，每次调整价格需要花费的成本包括研究和确定价格、重新编印价目表、更换价格标签等所支付的成本，这些成本的产生会阻碍厂商调整价格。所以，即使在经济萧条时期买东西的人少，而价格却很少降低。

83 为什么企业困难时，宁愿裁员也不降低工资？

效率工资理论认为，工人工作的效率与工人的工资有很大的相关性。效率工资是指一种足以消除工人偷懒或调动工人积极性的实际工资水平，这种工资一般高于与劳动市场充分就业均衡相适应的工资水平，它的主要作用是吸引和留住优秀人才。付给工人的工资水平越高，工人就越努力工作，越少消极怠工，从而劳动生产率越高，给雇主带来的利润也就越大。厂商支付更高的工资，可能使净生产率提高，因此雇主的做法往往是，即使工人人数超过需求，也不减少工资。

1914 年福特汽车公司开始向其工人支付每天 5 美元的工资，这一工资远远高于当时的均衡水平（2-3 美元）。福特认为高工资意味着低成本，而不是高成本。福特的效率工资实践给他和他的公司带来了巨大的成功。基于劳动者在企业中的地位的加强，企业必须支付一种效率工资以及赋予劳动者更多的权利，才可能最大限度地把劳动者的积极性调动起来。实际上，工资不仅仅是一种成本，也可以是一种投资，这种投资导致工人忠诚度增加，效率提高，能够生产更多更高质量的产品，同时降低了管理成本，减少了高效率人员流失。

如果通过降低工人工资来摆脱困难，这会打击绝大多数员工的工作积极性，降低他们的生产效率，对公司来说是得不偿失的。所以一般公司宁愿拥有数量少而效率高的员工而不要数量多却效率低的员工。

84 为什么说长期持续的经济增长需要通过技术进步实现？

随着现代社会科学技术水平的不断提高，技术进步由于其巨大的发展潜力，已经成为影响经济增长速度和质量的最重要的因素。世界各国，尤其是发达国家，技术进步在国民经济增长中所占比重越来越大，美、日、德等发达国家技术进步贡献率远远超过我国。技术进步水平决定了经济增长的速度和质量。

以我国为例，过去，我们的经济增长具有明显的粗放型增长的特点，主要表现在技术进步对经济增长的贡献低，资源配置效率低，经济效益低，自主创新少等几个方面。在我国经济增长中，资本投入的贡献大大超过技术进步的贡献，这说明我国经济增长是投入驱动型的。这种粗放型的经济增长方式，没有充分发挥技术因素的巨大推动作用，从而降低了宏观经济运行的稳定性，降低了经济运行的效率和经济效益。纵观世界经济发展，其推动力量越来越依赖于科学技术进步与创新，以及劳动者素质的提高。据统计，发达国家的技术进步贡献率在 70% 以上。相比之下，我国的技术进步贡献率还有一些差距（2013 年为 51.7%）。因此，依赖粗放型的经济增长模式带来的经济增长是暂时的，不符合可持续发展的原则，要想实现长期持续的经济增长，需要通过技术不断进步来实现。

85 为什么说投资驱动的经济增长会加大收入不平等？

在一国的宏观经济中，投资和消费是相互作用、相互影响的。投资是消费的基础和来源，它们之间存在着一定的传导机制。投资可以增加就业机会和工人的收入，而工人把收入的一部分用于消费，新增的消费对投资又会形成新的需求，这样循环往复，能使 GDP 的增加数额倍于初始投资额。反之，投资不足对消费和经济增长有很大的影响，会导致消费的萎缩和经济增长率的下降。所以，在增长的经济中，投资需要保持一定的比例和速度来保证经济的长期稳定发展。

投资驱动型经济增长是指增长依赖于投资，这也是这种经济增长方式的内在缺陷，表现为固定资产投资过热、流动性过剩及房地产价格上涨过高等。而政府过度强调对投资的依赖，则会削弱对消费的重视程度，这样做会产生一个很严重的后果，就是会导致居民之间和城乡之间收入差距不断扩大，降低国民福利水平。由于大量的 GDP 来源于投资，资本所有者分配的国民收入会越来越多，会形成劳动者阶层收入分配水平降低，其中对产业工人、农民工、失业人员等收入水平的影响尤大，阶层之间的收入差距会越拉越大。城市化带来的利益在城市中分配过多，也会造成城乡之间的收入差距拉大。各地区投入的不相同，会造成地区间的贫富差距，地区之间发展的不均衡。我国目前尚存在东西部发展不平衡、城市农村发展不平衡的问题，贫富差距越来越大，转变经济增长方式已经成为政府与企业的共识。

从世界各国的发展经验来看，基本上没有一个大国经济能够长期依靠投资来保持持续增长。如果消费跟不上，社会再生产就不能顺利进行。虽然各社会阶层的消费力水平不一样，但是中、低收入人群占比大，如果他们的消费能力得不到提高，就没有消费提供支撑，那样，光靠投资只会拉大各阶层收入的差距，加剧社会的不平等。

86 为什么库兹涅茨被称为"国民收入核算之父"？

西蒙·史密斯·库兹涅茨（Simon Smith Kuznets, 1901－1985）是一位俄裔美国著名经济学家，他是美国的"国民收入核算之父"，也是1971 年诺贝尔经济学奖获得者，曾为纽约国民经济研究所研究员、宾夕法尼亚大学教授、约翰·霍布金斯大学教授、哈佛大学教授。

库兹涅茨在经济周期研究中，提出了为期 20 年的经济周期，被西方经济学界称为"库兹涅茨周期"。西方经济学界认为，他的分析准确地描绘了各个发达国家一个多世纪以来的经济增长过程。同时，

他对这一过程的发展也提出了很多的深刻见解。

　　库兹涅茨在美国国家经济研究局工作期间，开始进行国民收入方面的研究，并于1937年出版了他的专著《国民收入和资本构成》，书中概括地说明了国民收入和国民生产总值的定义和估算方法。1941年，他又出版了《国民收入及其构成》一书，在这部900多页的两卷本书中，库兹涅茨利用大量的统计资料，详细地研究了国民收入及其构成的含义，形成了估算国民收入的方法，建立起现代国民收入核算体系的基本结构。正因为如此，美国著名的经济学家罗伯特·默顿·索洛（Robert Merton Solow, 1924—1980）称库兹涅茨为"国民收入核算之父"。

87 为什么老百姓的收入低并不一定代表储蓄水平低？

反映储蓄水平的一个重要指标是储蓄率，储蓄率是指个人可支配收入总额中储蓄所占的百分比。2010年中国国民人均收入为1000多美元，而中国的国民储蓄率高达50%以上。显而易见，老百姓虽然收入低，但储蓄水平高。

在此，我们将美国人与中国人的相关情况作一个对比：

美国人的收入不低，人均可支配收入高，社会保险水平高，老年人平均社会保险福利占人均可支配收入的比例也高。美国个人信贷宽松，房贷款可达总价的80%－90%，自付比例相对较低，有较多的钱可用于消费；他们习惯于贷款消费，贷款额可达抵押房价的80%。美国家庭的负债率往往较高，虽然消费能力强，但一旦失业，家庭容易破产。美国人勇于冒险，倾向于风险较高的证券投资，而非储蓄。此外，他们有良好的医疗保障，不会出现看不起病的情况。

中国老百姓的收入低，人均可支配收入少，养老、医疗等社会保险等占人均可支配收入比率难以提高，致使社会保障不充分。中国的个人信贷政策偏紧，房贷占总房价比为50%－70%，个人首付比例较高，用于消费的钱相对较少。中国人比较谨慎和节约，加之教育、医疗、养老支出较高，社会保障不充分和预期的不稳定，导致老百姓具有高储蓄倾向，抵押贷款消费意识薄弱，不愿意选择风险较大的证券投资，而更倾向于通过储蓄来实现自我保险。

因此，老百姓收入水平低是储蓄率高的一个重要原因，试想如果老百姓收入水平足够高，社会保障充分，很少后顾之忧，人们自然不会总是将大部分钱存进银行，而是进行消费了。所以，老百姓收入低并不一定代表储蓄水平低。

88 为什么说贸易顺差过大不一定是好事？

所谓贸易顺差，是指在特定的单位时间里（通常按年度计算）一国出口贸易总额大于进口贸易总额，又称"出超"，这表示该国当年的对外贸易处于有利地位。贸易顺差的大小，在很大程度上反映一国在特定年份对外贸易活动的状况。

通常情况下，一国不宜长期大量出现对外贸易顺差，因为这样很容易引起与有关贸易伙伴国的摩擦。例如，美、日两国双边关系发生波动，主要原因之一就是日方长期处于巨额顺差状况。

大量外汇盈余通常会致使一国市场上本币投放量随之增长，因而很可能带来通货膨胀的压力，不利于国民经济持续、健康发展。

巨额贸易顺差的本质是过度出口的结果，会给经济和人民生活水平带来长期危害。以前，我国的贸易顺差很大，出口商品中以原材料和基本生活用品居多，高科技含量、高附加值的商品很少。尤其是通过廉价的制衣业来取得外汇，以之换飞机的贸易，是"粗放型"经济增长方式。我们把价廉物美的生活用品源源不断地运到了发达国家，让他们可以用低廉的价格享用到比他们自己生产得更好的商品，而我们得到的是过多的外汇储备。

过高的贸易顺差是一件危险的事情，意味着本国经济的增长过多依赖于外部需求，对外依存度过高；巨额的贸易顺差也带来了外汇储备的膨胀，给人民币带来了更大的升值压力，也给国际上的贸易保护主义势力以口实，认为巨额顺差反映的是人民币被低估，这增加了人民币升值压力和金融风险，为人民币汇率机制改革增加了成本和难度。对此，比较简单的对策就是改变"粗放型"经济增长方式，降低贸易顺差，拉动国内消费。

89 为什么劳动力少的国家比劳动力多的国家更富裕？

这种现象不仅与"资源的稀缺性"相关，还与劳动力结构密切相关。

通常情况下，在劳动力数量少的国家，相对于 GDP 这块大蛋糕，参与分配的人数就较少，每个人所获得的份额也就大于劳动力多的国家。一个国家的生产能力几乎是确定不变的，因此，所需要的劳动力只能根据可提供的劳动力人数来确定。在劳动力较少的国家，劳动力所需要付出的劳动往往比较多，但这种付出和收入成正比，因而人均收入会很高；而在人口众多的国家，劳动力很多，通常会供大于求，因而劳动力成本较低，劳动力所获得的收入也就较低。当然这是以人均 GDP 为评价标准出现的状况。

在一个劳动力少的国家，劳动力结构合理，大部分劳动力分布于工业、服务业，而农业人口较少，这种情况下的国民产出会明显高于劳动力多的国家。而后者要解决就业问题，往往得依靠农业。很多发展中国家的 30% 的劳动力依赖于农业，导致就业质量不高，这也就意味着在人均财富分配上会出现悬殊差距。财富集中在富人手中，而富人只占很少一部分，穷人占了大多数；这种不合理的劳动力结构，会导致这些国家的劳动力收入不如劳动力少的国家。

90 为什么服务也能创造财富？

财富或商品凝聚着劳动中的无差别的人类劳动。生产看得见、摸得着的产品，通常是工农林牧业等第一、第二产业的产品，而无形产品生产部门往往是指服务业。尽管这些"服务"很多是看不见、摸不着的，但由于也是由劳动形成的，含有社会必要劳动时间，因此具有了价值，也能够创造财富。

不能生产具体物品的部门一般指的是非物质性服务的部门，从产业划分来讲也可以是指第三产业，如科学、文化、教育、卫生、金融、保险、咨询等部门。社会财富是第一、第二、第三产业创造的价值的总和，生产制造环节创造财富，流通环节创造财富，第三产业同样创造价值，而且在很大程度上创造的价值要超过纯粹的生产制造业。发达国家发展第三产业就是看中第三产业可以创造的巨大财富。

第三产业已成为发达国家的重要经济支柱，随着服务业的发展，人们越来越清醒地认识到发达的服务业是制造业提升的助推器，例如：银行、证券等金融服务行业为制造业融资和扩大再生产等创造了条件。发展现代服务业，主要依靠信息、科技、人才等资源的投入。现代服务业的发展，有利于经济增长方式的转变，能为经济发展创设更高层次的平台。现代服务业已经成为提升城市综合竞争力越来越重要的产业。

91 为什么发行国债和提高税收对生产总值有相似的影响？

政府发行债券，实际上就是使市场上流动的货币变少，随之企业和个人可以使用的货币也会相应减少，企业的投资能力和个人消费能力会下降，社会的投资和消费总量也会下降，从而导致国内生产总值GDP（由投资总量、消费总量等决定）的下降。打个比方，如果市场上，企业有 50 元，个人有 30 元，政府有 20 元，所有的钱一共有100 元。当政府发行债券时，如企业拿出 10 元，个人拿出 5 元，来购买这些政府的债券，市场上货币的总和是不变的 100 元；当企业和个人都买了政府债券之后，就相当于把 15 元都暂时交给了政府，那么企业和个人手上可以用的钱就减少了。也就是说，企业只剩下 40 元，它们能用于投资的钱变少了；而个人则只剩下 25 元，他们能消费的钱也变少了。这样，人们的需求下降，社会供给也会随之下降，如此情况下，最终会导致整个社会的生产总值下降。

同样，政府提高税收，企业和个人需要缴纳的税金便会增加，在原来收入不变的情况下，企业和个人手中拥有的货币就会减少，则企业的投资能力和个人的消费能力下降，使得社会的投资和消费总量下降，从而会导致 GDP 的下降。

92 换季时的商场促销真的是商家在让利吗？

换季时节，很多商场都在进行促销活动，主要有以下几种方式：

一物两价。同样牌子的鞋子在不同的商场价格有高有低。因为从卖方的角度来说，利润是销售收入减去成本，商品只有卖出去了才能赚钱，才有利润。某些商场定的价钱高，获得的利润就高；某些商场定的价格低，获得的利润就低。

甩卖清仓。表面上，甩卖价是低于市价，但实际上甩卖并不是让利，其目的是清仓。经济学上的成本，指的是放弃某种选择的最高代价。卖家会选择清仓，肯定是因为不清仓的成本更高。故从成本方面来看，清仓甩卖不仅不是让利，相反，它是商家的逐利行为。

预订打折。比如预订机票打折现象，表面上看是航空公司让利，但其实是为了提高飞机上座率。机票定价是不需要考虑沉没成本（已经发生且不可回收的支出）的，而且航班固定，无论票卖出多少飞机都得飞。机票打折只要不低过经营成本，航空公司就是赚的；不然机票卖不出，那才是真正的损失。所以机票预订打折也不是商家让利。

返券销售。去商场买东西，达到一定金额，商家送你相应的购物券，可以在该商场作为抵价券使用，这样购物券作为"货币"，在内部进行流通。这其实是作为一种捆绑销售，"逼着"消费者进行二次消费。

因此，消费者必须明确，无论以何种方式进行的价格促销，都是在供过于求的条件下，卖方价格向市场价格回归，故促销不是让利。返券销售是在价格不明折的情况下，卖方给予消费者的暗折，故返券和折价一样，也不是商家让利。商家返给消费者的购物券，最终都是由消费者自己付账。所以不要被商家的促销活动诱导着进行盲目消费。

93　为什么在一定的条件下垄断是好的？

在生活中我们会发现，有一些产品或者服务仅仅由一个或很少的几个商家来提供。这种行为就是垄断。由垄断产生的原因，可以将垄断分为国家垄断、自然垄断、经济垄断和行政垄断。

国家为了保障安全、增加财政收入或促进社会整体的利益，依法对特定领域的商品或服务进行全面控制，不允许其他商家参与的行为，称为国家垄断。例如，在国防上，国家要保持着对枪支弹药的垄断，才不会让这些危险品随便在市场上买卖，减少枪击等恶性事件发生，保护公众的安全。

如果一个或少数几个商家提供某种产品或服务的成本，要比由很多商家提供所花费的成本少很多，自然而然就形成了垄断，这就是自然垄断。以铁路为例，如果不是垄断，就会有许多公司进行竞争，每个公司都修建自己的铁路网，那便会造成重复建设，使得铁路运行成本大幅增加。

经济垄断是某些具有优势的商家为了能够长期保持这种优势，采用非法手段，不允许其他商家与之进行竞争。这种行为不仅是违法的，而且妨碍了经济正常的发展。

当某些政府部门为了一己私利，利用自己的权力，保护某个商家，并强制要求其他商家退出市场或限制其竞争的行为，被称为行政垄断。

在一般情况下，所有经济垄断和行政垄断皆属于非法垄断，而自然垄断、国家垄断属于合法垄断，因此在一定条件下，"垄断"是有好处的。

94 为什么新增收入里的消费比例会不断减少？

通常情况下，在人们收入增加的时候，他们的消费也会随之增加，但是消费增加的幅度却不如收入增加的幅度大。这是因为，我们的消费欲望会有一定的饱和度，收入增加了，消费会先随着收入增加而增加，但是达到一定程度以后，新增收入里的消费比例会不断减少。

打个比方，如果一个人花3元钱可以填饱肚子，在原先只有3元的情况下，他会花光手中全部的钱；后来他有了10元，虽然3元就可以填饱肚子，但是他想吃得更好一点，那么他可能会花掉手中的5元来改善伙食；而当他有20元时，他觉得花5元就完全能满足自己既能吃好又能吃饱的要求，于是便不会再增加自己在这方面的消费。在这个例子中的吃饭，是人们的一种需求，人们的生活需求其实还有很多很多，比如穿衣、住房、旅游等。这些需求会随着人们收入的增加而得到一定的满足，但是当人们觉得无论花多少钱都不能再继续改善这些需求时，便不会再花钱，或只花比较少的钱投入到这些已被满足的需求中。在这种情况下，消费增长幅度自然赶不上收入增加的幅度，于是便出现收入提高了，但新增收入里的消费比例却会不断减少的现象。

95 为什么国家财富不仅仅是金、银、珠宝、纸币？

人们将具有价值的东西都称为财富，包括自然财富、物质财富、精神财富等。现代意义上的国家财富其实也是从几个方面来分类的，所以国家财富除了金、银、珠宝、纸币和有价证券之外，还有其他的形式，包括人为创造的价值、国家拥有的自然资源和国家尊严、民族荣誉等等。

我们通常所见的，人们通过使用先进技术和生产工具生产出的各种商品，以及科学成就和探索自然的成就，都属于人为创造的价值。原来，人们仅仅将货币作为衡量国家财富的标志，随着经济和文化的继续发展，人们逐渐意识到，除了货币，其他人为创造的价值如文化、品牌等，也属于国家的财富，它们虽然不是直接的货币形式，但是通常都可以用货币来进行衡量，并且能够带来更多的物质财富。

例如：一个国家的自然资源是人民进行劳动生产的基础，如果没有这些自然资源，就生产不出产品，也就获取不了更多的货币。因此，一个国家所拥有的土地、矿产、森林、动物等自然资源，都是国家的财富，也是其他国家不能任意侵犯的。

另外，对于一个国家而言，国家的尊严、民族的荣誉，都构成了它立足于世界的重要的精神财富。在2008年北京奥运会中，中国以其精彩的奥运会开幕式，以及108枚金牌的骄人成绩令世人瞩目，这些都是无法用金钱衡量的。当然，国家的文明史、发展史，也是一个国家内在的最珍贵的精神财富。

96 为什么说汇率是一种特殊价格？

汇率也称"外汇行市"或"汇价"，是国际贸易中最重要的调节杠杆。它是一国货币兑换另一国货币的比率，也是以一种货币表示另一种货币的价格。由于世界各国货币的名称都不同，币值也各不相同，所以一国货币想要兑换成其他国家的货币，就需要规定一个兑换率，即汇率。

例如，一件价值 100 元人民币的商品，如果人民币对美元的汇率为 6.66 ：1，也就是 6.66 元人民币可以换 1 美元，那么这件商品在美国市场上的价格就是 15.02 美元。如果人民币对美元汇率涨到 7 ：1，也就是 7 元人民币才能换 1 美元，这件商品在美国市场上的价格就是 14.29 美元，这就意味着可以用更少的美元买到这件商品。商品的价格降低，买的人就会变多。反之，如果美元汇率跌到 6，则这件商品在美国市场上的价格就是 16.67 美元，此商品的价格变贵，买的顾客自然就少了。

简言之，汇率是一个单位的一种货币兑换等值的另一种货币的价格，所以说汇率是一种特殊价格。

97 为什么说汇率贬值有利于增加出口和减少进口？

在这里我们以人民币汇率贬值为例。人民币汇率贬值，也就是我们通常讲的人民币贬值。这就意味着 1 元的人民币可以换的美元减少了，也就是说 1 美元可以换取更多的人民币。

从出口方面来讲，假设我国的水杯 8 元人民币一个，在人民币贬值前，要花 1 美元才能买到一个水杯；而在贬值后，由于以更少的美元可以换得 1 元人民币，在国内价格不变的情况下，出口到美国用美元来购买，就不需要 1 美元，可能是 0.9 美元或者更少。在美国，当中国水杯的价格由 1 美元下降至 0.9 美元甚至更低时，由于减价，美国人就会购买更多的中国水杯，这就促进了中国水杯出口的增加。

从进口方面来讲，假如我们从美国进口汉堡，以前你买一个 1 美元的汉堡需要 8 元人民币，现在人民币贬值，要更多的人民币才能换得 1 美元，就意味着买一个汉堡需要 9 元人民币甚至更高。汉堡涨价，人们觉得东西变贵了，便会有意识地减少购买；销量减少，从美国进口的汉堡量也就会减少。

所以，汇率贬值有利于增加出口，减少进口。

98 为什么供给越多，需求越大？

在生活中，我们会发现生产出的产品越多样化，产品就销售得越快、越多和越广泛，所得的利润也就越大。在这里举个简单的例子来说明：我们去古玩市场买玉的时候，一开始也许只有"观音"、"如来佛"两种形式的玉制品，这时买的人都比较少。但是，如果把玉做成十二生肖的形式，人们会不会有选择购买带有自己生肖的玉的冲动呢？答案是不言而喻的。由于产品生产顺应了不同的消费偏好，所以，这样的供给就会有更多的需求。

同时，我们也观察到，很多商品的营销其实是具有连带作用的，一种商品的销售的增加，与之相关联的产品的销量可能也会增加，这时候总的市场需求会随之而增加。例如，我们在买手机的时候，同时也就需要配备耳机，市场上售出的手机会带动人们对耳机的需求。

从个体消费能力来看，人们总是在赚到更多钱之后，才会提高消费；那些盲目提高消费的人，总是维持不下去的。这就说明"自身的生产能力"是一个人需求的前提。而从社会消费能力来看，在整个经济周期中，也总是劳动生产率得到提高之后，社会消费能力才会崛起。每一轮经济恢复，总是先从生产开始。生产低迷的时候，消费一定不振。因此，有些经济学家认为供给越多，需求就会越大。

99 为什么技术创新需要法律保护？

这里所说的技术创新，实际上是新技术、新工艺从设想、发明、生产到推广应用的过程，这是一种高级的脑力劳动，它具有创造性、高效性和不确定性等特点。技术创新的过程是一个从无到有的过程，也是信息加工的过程。从创新人员用大脑摄入各种信息开始，经过各种复杂的探索，可能要花去几年甚至几十年的研究时间，最终生产出智力成果。为了使创新人员获得他们应有的精神和物质奖励，就需要法律来保护他们的智力成果不被非法盗用。

而且，技术创新要获得成功，不能靠强迫命令，只能靠激励、引导，以及良好的法治环境来调动广大从事技术创新人员的积极性。对技术发明进行专利保护，实际上就是一种直接的激励创新的手段。

此外，当今世界各国的竞争，与其说是经济的竞争，不如说是科技和人才的竞争；而科技和人才的竞争最终是技术发明的竞争。谁在某技术领域拥有自主的知识产权，谁就能在这一领域取得控制权。知识产权正成为当今世界最重要的一种资源，因此各国对技术创新的法律保护也尤为重视。只有通过制定公平竞争的法律规则，营造一个公平竞争的环境，才能促进企业技术创新的发展。

100 为什么技术革命能形成经济周期？

约瑟夫·阿洛伊斯·熊彼特（Joseph Alois Schumpeter, 1883—1950）认为现代市场经济运行的经济周期有四个阶段：繁荣、衰退、萧条、复苏。在技术革命之前，蒸汽机、电动机等尚未诞生，整个社会经济处于一个相对静止的状态。企业家只能通过延长工人的劳动时间和减少劳动报酬来获得更多利润。但是，工人的劳动时间是有限的，因此企业家只能重新寻找获得超额利润的方法。他们意识到需要提高劳动生产率，这个时候生产技术和生产工具的创新就变得重要起来，于是就掀起了创新的浪潮。

随着蒸汽机、电动机等先进的生产设备的应运而生，企业家就希望扩大自己的生产规模；但是扩大生产规模需要足够的资本和更多的生产资料，于是又增大了银行的信贷和生产资料的需求，从而引起经济的高涨。由于创新浪潮的出现，企业家会竞相运用新的生产方法和推出新产品，社会经济由此达到繁荣。然而，新产品的出现又会导致竞争加剧，也会使商品价格下跌，企业的盈利机会减少；于是，为了维持生存，企业就会减小生产规模；接着，银行信贷收缩，生产资料的需求减少；最后，经济体系从繁荣转入衰退直至萧条。这是一个循环往复的过程。在这一过程中，创新不仅仅是源头，也贯穿了始终，所以熊彼特认为蒸汽机、电动机等技术革命是形成经济周期的重要原因。

101 为什么有人选择贷款消费？

在经济学上，人们在一个阶段的消费其实并不仅仅取决于当前的收入高低，而取决于对于未来，甚至是一辈子所能预计、能创造的财富的多少。因此，人们年轻时期的消费并不仅仅取决于其当时的收入，更重要的是人们对于自己以后能挣多少的预期。

比如一个刚进入大学的学生，几乎没有收入的来源，不过他预计自己在 4 年之后可以得到高薪，那么他在大学时期就通常会通过助学贷款，或向父母、亲友举债等方法来设法保障自己的种种消费需求。这是由于他预计在以后的生活中能够赚到更多的钱，在他工作以后就

能还清之前所欠下的债。而当人们到中年时，不仅仅要考虑满足当前的消费，还要预估到进入老年时自己收入降低后的消费水平。这个时候，虽然收入在一生中处于最高的水平，可是人们却不会像年轻时候那样举债消费了，因为要为以后养老做好准备。

这就是人们对一生的收入预期起的作用。同龄的两个年轻人，由于对各自的收入预期不一样，也会对他们当前的消费产生影响。比如，一位知道自己在以后能够继承一份价值不菲的遗产，而另外一位却没有，很显然，能继承遗产的那位年轻人当前可以消费得更多些，也更愿意选择贷款消费。收入预期对于经济生活有着重要的影响，明白了收入预期的作用，也就知道了为什么年轻人收入比较低，却倾向于贷款消费。

102 为什么提高税率可能会降低国家的税收总量？

我们都知道，税收对于一个国家的经济活动起着重要的作用。它是国家财政收入的来源，具有帮助政府实现宏观调控，维护国家政权等作用。因此，税收对于维持经济活动的稳定是有益处的。

税率则是影响税收总量的一个直接的因素，当税率很小时，国家几乎收不到钱，实现税收的好处自然也就谈不上了；但是，随着税率提高到一定的程度，反而会降低国家的税收总量。对此，供给学派经济学家认为，假设一种极端的情况——当税率为100%时，人们的全部生产活动的成果都被政府给征收了，那么很自然的人们就不会愿意去工作，其直接导致社会生产活动的停滞，那么政府所能收到的税收就为0，因此必然存在某一个税率点，高于这一税率会降低国家的税收总量。

如果我们把税率作为横轴，税收收入作为纵轴，就能够画出一条关于税率和税收的曲线。当税率从0慢慢开始上升时，税收收入也随着上升；当税率增长到一定程度时，由于人们对劳动的积极性不断减少，税收收入就随着税率而降低。这就是经济学上著名的拉弗曲线（如下图所示）。它告诉我们，如果政府想要使财政收入实现最大化，并不是一味地提高税率就能奏效；当税率达到一定程度后，提高税率反而还有副作用。也就是说，一国税率上升到一定程度时，进一步提高税率反而会降低国家的税收总量。因此，国家必须制定合适的税率以确保国家税收总量的稳定。

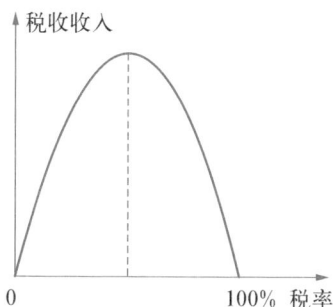

103 为什么第一产业比重在不断减少，而第二、第三产业比重在不断增加？

在经济学中，一般把产业部门划分为第一产业、第二产业以及第三产业。其中，第一产业主要是农、林、牧、渔业，第二产业主要包括制造业、采掘业、建筑和公共工程等，而第三产业主要包含的是商业、金融、保险、不动产、运输、通信、教育、卫生等服务业。在经济发展的过程中，一个国家往往会经历几个阶段，在不同的阶段中，三个产业所占国民生产总值的比例也会不断变化。下图是我国1953年、1978年和2009年的产业比重数据简表。

年份＼产业	第一产业	第二产业	第三产业
1953	51.0%	20.9%	28.1%
1978	28.2%	47.9%	23.9%
2009	10.6%	46.8%	42.6%

上表总体上说明了我国第一产业占国民生产总值的比例在逐渐下降，在 1978 年出现第二产业占比上升以及 2009 年出现第三产业占比上升。

导致第一产业所占国民生产总值比例不断下降的主要原因是：首先，当人们生活水平提高到一定程度，对农产品等的需求占比降低；其次，由于以往农业等技术进步相对滞后，不如其他产业享受科技进步带来的回报大。导致第二产业所占国民生产总值比例上升的原因是：随着生活水平的提高，人们对工业产品需求量不断增大，以及由于工业技术投入带来的回报比农业更大。此外，随着经济的发展，个人以及企业对服务业的需求会呈现出一种上升的趋势，因而服务业在国民生产总值中所占比例也在不断上升。总之，在经济发展过程中，各个产业占比都会出现阶段性的变化。

104　为什么股票价格上涨会带动消费品的销售？

我们都知道生活离不开投资，股票是证券投资的方式之一，那么股票的涨跌对人们的生活消费会有什么影响呢？统计学家发现，股票的上涨往往会带来人们的消费总量的增加。

如果我们已经持有了一定数量的股票，那么股票的上涨就带来了我们总资产的增加，因为原来按市场价格买来的股票的价格升高了；

由于总财富的增加，我们对自己的消费承受能力会变得更有信心，因此就会更多地进行消费；而随着消费需求的上涨，企业产品的销售量自然就上升了。例如，我们以每股 50 元买了一个公司的股票 2000股，一年后随着股票市场价格的上升，原来市值 10 万元的股票涨到15 万元，因此，我们的总财富上升了 5 万元。原来我们只能在家里最需要的房间安装一部空调，但是现在我们就可能会选择在每个房间都安装一部空调；原来我们的家庭可能只能购买一台电脑，现在可以多购买一台电脑。这就是股票上涨对商品销售量提升所带来的影响。因为股票价格上涨使得消费者的财富增加，人们的消费需求也会随之增加，从而带动了消费品销量的上升。

105　为什么物价普涨会使债权人遭受损失？

要理解这个问题其实不难。比如某人在 20 世纪 80 年代将 100元存入银行，可能当时这 100 元钱可以购买一个月的生活物品。过了几年，将这笔钱连本带利地取出来，可能只够维持一个星期的花销。在存入这笔钱的时候，银行会支付利息，似乎是能够有盈余而不是遭受损失的，可是结果却恰恰相反。这与物价普涨时将钱借给别人会遭受损失的道理是差不多的。两者的原因其实都在于单位货币所含有的价值或所代表的价值的下降，也就是通常所说的货币贬值。

经济学中，货币是作为一种价值衡量存在的，它具有时间价值的特性。货币的时间价值就是指当前所持有的一定量货币比未来获得的等量货币具有更高的价值。也就是说，当前的一单位货币与未来的一单位货币所能够买到的物品量是不一样的，要节省现在的一单位货币不消费而放到未来消费，则在未来消费时，必须有大于一单位的货币可供消费，作为弥补。市场利息率是衡量货币时间价值的标准，它是对社会平均经济增长的一种反应。在一般的情况下，如果人们手中的货币没有遵循时间价值的规律，也就是低于市场利息率增长，那么其实这些货币就无法在将来获得和现在一样高的效用，也就相当于一种贬值。在物价普涨的时候，市场利息率处于一种上升的趋势，人们手中的货币的时间价值也是增加的。如果在这时将钱借给别人，借贷双方按照签订借贷合同时的利率计算利息，那么随着市场利息率上升，借方所得的利息往往会低于当时的市场利息，那么遭受损失也就是必然的了。

106 为什么物价普涨能给垄断厂商带来更大的好处？

在市场经济里的垄断，说的就是某些大型的企业为了使自身获得高额利润，通过相互协议或联合，对一个或几个部门商品的生产、销售和价格进行操纵或控制。当然，还存在着一些自然垄断行业，比如自来水、电力、公交等，这是由于在某一些特定的行业中，存在多个厂商的成本比存在单个厂商的成本要高。垄断地位的厂商能够在市场中更自如地调节商品的价格和产量。另外，在经济学中，商品的价格除了受到价值的影响，还会受到供求关系的影响。

在物价普遍上涨的情况下，市场上商品的价格都普遍提高，为了保持企业的利益，企业必然要选择提高自身产品的价格。可是，在现实中价格提高多少，什么时候提价都是受到市场制约的。比如说，按照市场情况，今天白菜的价格要卖到每公斤 1 元才有盈利，但是当天农贸市场上白菜非常多，每公斤 1 元的价格卖不出去，反而可能导致亏损；在这种情况下，原来定价每公斤 0.95 元的商家可能就会延缓涨价。可是，具有垄断性质的厂商却不一样，在出现这种情况的时候，因为他们除了可以调节价格，还可以控制产量，商品的价格不容易受到供求关系的制约。在物价普涨的时候，垄断厂商就能够利用这种便利更快速地调整商品的产量和价格，获得更高的盈利。所以说，物价普涨时，他们是更容易获得好处的。

107 为什么一定程度的通货膨胀可以刺激经济？

我们经常在各种媒体上听见或看见通货膨胀一词。所谓"通货膨胀"就是说在一个时期中，由于发行的货币量大于需求量，从而导致物价普遍上涨。其实对于经济发展来说，随着经济的增长总是会伴随着一定的通货膨胀，它并非一定是坏东西。

在国民经济中，我们经常用 GDP 来衡量社会的经济增长，因为 GDP 的增长就代表着经济的增长。其实在一个国家中，存在着一个潜在的 GDP 的值，说的是在大家充分就业、所有企业的生产线充分运作时所能生产出来的总量。当一个国家由于种种原因导致了需求量的不足，使得原本该生产出来的产品由于卖不出去而减产，这个时候，实际的 GDP 就小于潜在的 GDP，那么经济的增长量就比潜在能够增长的少了。此时，政府就可以通过增发货币来进行宏观调控，有效地刺激经济需求。伴随着货币的增发，大家就会觉得自己变得比原来有钱了，那么市场上的消费需求自然就会增加，从而让那些原本开工不足的企业能够顺利地进行生产活动，让那些原本失业的人能够找到工作。这个时候国家就能够在潜在 GDP 的水平上运转，也就使得原本慢速发展的经济由于受到增发货币带来的通货膨胀的刺激，而变得加速发展了。所以，通货膨胀在经济生活中有着很重要的地位，在特定阶段，政府可以通过控制货币的发行量来有效地调控经济的增长。

108 政府应该如何调控失业率和通胀率以维持经济平稳?

经济学中,有一条著名的菲利普斯曲线可以体现失业率与通货膨胀率的关系。1957 年,新西兰经济学家威廉·菲利普斯(William Philips, 1914－1975)根据英国 1861－1913 年间的失业率和货币工资变动率的资料研究出了一条表示通货膨胀率与失业率之间关系的曲线,它表明这两者之间的关系是此消彼长、互相交替的,即:通货膨胀率高时,失业率低;通货膨胀率低时,失业率高。这个过程是:当通货膨胀率上升的时候,劳动者的实际工资下降,企业的成本也就下降,就能够刺激生产,于是就增加了对劳动力的需求,失业率就下降。然而,它是在没有考虑预期的情况下得出的,也就是劳动者没有意识到通货膨胀率的上升,没有感觉到价格的变化,没有提出增加工资的要求。如果劳动者意识到了通胀率的上升,并且,这个预期与实际的通胀率上升相同,提出了增加工资的要求,也就不会有企业成本的下降,自然而然,通胀率的上升也就无法刺激生产,无法降低失业率。所以,长期的菲利普斯曲线表示,失业率是维持在自然失业率水平的。

不过,因为劳动者对于通胀率的预期往往是滞后的,短期菲利普斯曲线就为政府提供了一份可供选择的总需求管理菜单,也就是说,在通胀率或失业率太高时,可以用提高失业率的紧缩或提高通胀率的扩张政策来降低通胀率或失业率,以免经济过分波动。当然这只能作为短期的政策来维持当时的经济平稳,从长期的经济发展来看是不科学的。这也是政府有时会为了降低失业率而容忍高通胀率的原因。

109 你知道被誉为"资本主义救星"的凯恩斯吗？

1929－1933 年资本主义遇到了有史以来最严重的一次经济危机，但在这场危机中却成就了一位在西方经济学史上具有划时代意义的人物和其所创造的理论——约翰·梅纳德·凯恩斯（John Maynard Keynes, 1883－1946）和他的凯恩斯理论。

凯恩斯是现代西方经济学史最有影响的经济学家之一，其一生对经济学作出了极大的贡献，一度被誉为资本主义的"救星"、"战后繁荣之父"。他发表于 1936 年的主要作品《就业、利息和货币通论》引起了经济学的革命，这部作品对人们如何将经济和政权运用于社会生活中产生了深远的影响。

凯恩斯主义（也称"凯恩斯主义经济学"）是建立在凯恩斯的著作《就业、利息和货币通论》的思想基础上的经济理论，主张国家在萧条时期采用扩张性的经济政策，通过增加需求促进经济增长。即增加财政开支，减少税收和发行公债，通过国家干预控制投资，以消除投资对经济造成的波动性，推进收入均等化以增加消费需求。此时国家干预的手段从货币政策转向财政政策，以刺激经济，维持繁荣。

110 为什么会出现"滞胀"？

在宏观经济学中，通常经济学家认为通货膨胀可以减少失业率，也就是说，在一般情况下，高的通货膨胀与高失业率是不能并存的。但在 20 世纪 70 年代，西方资本主义国家由于"石油危机"，都曾出现过高通货膨胀与高失业率并存的现象，这种现象就是所谓的"滞胀"。顾名思义，"滞"是指经济增长缓慢或停滞，"胀"是指通货膨

胀，它的全称是停滞性通货膨胀。

　　滞胀出现的原因主要有两个：一是因为政府出台了错误的经济政策，二是某些因素导致社会的供给不足。20 世纪 70 年代，由于石油危机而导致石油价格上涨，随之生产成本急剧上升，社会的供给处于不足的状态，使得社会的生产水平下降，进而导致通货膨胀。另外，由于生产成本的高速上涨，许多厂家无法适应而破产，从而使失业率升高。由此可见，滞胀对经济发展是不利的，市场的参与者都不希望发生这种现象，自然就会积极思考与应对，于是各流派的经济学都对滞胀予以高度的关注。经济学家都希望科学解释滞胀，并采取有效手段防止它带来的经济衰退。

另一方面，滞胀的出现是当代经济学发展的一个重要契机。20世纪 30 年代，经济学家凯恩斯出版了《就业、利息和货币通论》，由此引发了一场经济学革命，导致了现代宏观经济学的产生。在这一经济学理论中，高的通货膨胀与高失业率是不能并存的；而滞胀现象的出现对这一理论体系提出了挑战，由此促进了一系列经济学理论和观点的创新与发展。

111　增加劳动者的可支配收入，是降低税收还是发放补贴更有效？

在新闻节目里，我们经常会听到政府通过降低税收和增加失业补贴、贫困补助等方法来增加劳动者的可支配收入，希望以此来带动内需，促进经济发展。那么，在降低税收和增加补贴这两种方式中，到底哪一种更有利于增加劳动者的可支配收入呢？

让我们先了解一下两者的各自定义，再对其进行比较分析。税收是国家为实现其职能，凭借政治权力，按照法律规定，通过税收工具强制地、无偿地参与国民收入和社会产品的分配和再分配而取得财政收入的一种形式。税收由政府征收，取之于民，用之于民。税收具有无偿性、强制性和固定性的形式特征。税收三性是一个完整的统一体，它们相辅相成，缺一不可。而失业补贴、贫困补助是政府对社会上暂时没有找到工作、失去劳动能力、生活有困难的人群进行财政形式的转移支付，即对其进行货币形式的补贴，以增加其可支配收入。

那么，两者中哪一种方式更有效呢？很多经济学家认为，降低税收比失业补贴和贫困补助更有效果。因为，税收是国家强制征收的，它的覆盖面广，产生的作用大，因此税收的变化对社会各阶层都会产生重要的影响。然而，失业补贴和贫困补助则是政府针对社会中的低收入人群进行的一种财政的转移支付，通过现金等方式增加该人群的货币收入，由此提高生活水准，但这种方式的惠及面有限，较之降低税收的影响力要小许多。

由此可见，相比失业补贴和贫困补助，政府通过税收的调节可以更有效地调节国民经济，促进经济的平稳运行。

112　美国政府为什么要退税给民众？

在2008年金融危机发生之时，美国乃至全世界都处于经济上的大萧条。面对金融危机，美国一改以往淡化国家对金融市场的干预和多年以来放任市场自由调节的常态，重拾久违的国家干预手段，不管是在立法上，还是政策调控上，都表现出积极的行为，在各个方面加强对市场的干预。在金融危机期间，美国政府给每一个纳税人发放了600－1200美元的退税。那么美国政府为什么要在这个时候给其国民进行退税呢？其目的是什么呢？

根据凯恩斯的观点，向全体老百姓的直接退税是一种积极的财政政策，可以提高他们的实际可支配收入，激发老百姓的购买欲望和购买能力，其目的是想通过激发国内老百姓的有效需求来促使本国经济走出泥淖。

由此我们可知，在2008年的金融危机中，美国政府为什么会站出来起主导作用，因为只有通过强有力的财政政策，才能挽救陷入泥淖中的国家。正是基于此，在2008年金融危机之时，美国政府才向纳税人退税，以此刺激国民消费，减少企业库存，刺激国内的有效需求。

113 为什么所有人都涨工资，生活水平并不会提高？

如果有一天你的老板给你一个人涨工资了，那么带给你最直接的感觉便是你所持有货币的实际购买力增强了。但如果有一天全体社会劳动者的工资都按照相同数额增加后，那么你还会觉得所持有货币的实际购买力增强了吗？在那种情形下，人们的生活水平将会发生怎样的变化呢？

根据古典货币理论，物价总水平的变动类似于衡量单位的变动。这就像我们变用"尺"为用"寸"来表述同样一段距离一样：即表面上数量增加了，但实际上什么也没有变。假设这样一个场景，某一天早晨你醒来发现，由于某种原因所有人民币计价的数字都增加了 10 倍，即你所要购买的每一件产品的物价都上升了 10 倍，同时你的工资价值也都扩大了 10 倍。那么你认为这会带来什么改变呢？其结果仅仅是所有产品的价格和工资收入后面加了个零，却什么也没有改变。

这是因为长久以来，人们都被"货币幻觉"欺骗了。"货币幻觉"一词是美国经济学家欧文·费雪（Irving Fisher, 1867－1947）于 1928 年提出来的，指的是货币政策的通货膨胀效应。它是指人们只是对货币的名义价值作出反应，而忽视其实际购买力变化的一种心理错觉。当人们产生这种错觉时，便会在涨工资但物价也同时上涨后作出错误的判断，误认为自己的实际购买力发生了变化。但是，人们的经济福利取决于相对物价，而不取决于物价总水平。

所以，当社会上全体劳动者的工资都按照相同数额提高后，劳动者的工资涨幅与消费品的价格涨幅是一致的，两者相抵，人们的生活水平实际上没有得到任何改善。

114 为什么人们的储蓄会转化为企业的投资？

在日常生活中，银行是我们必不可少的金融服务机构之一，而人们去银行的目的却各有不同。有的人是为了把多余下来的钱存入银行以获得利息；有的人则希望从银行得到贷款用以创业等投资。那么，到底是一种什么样的渠道把居民储蓄和企业贷款联系起来了呢？

一般来说，我们称这一渠道为间接融资，即老百姓把多余钱款存入银行或其他金融机构，然后这些金融机构按照相关的规定把一定比例的钱款借贷给有需要的企业，这些企业把借贷得到的钱款拿去进行再生产等投资。

接下来我们来分别介绍一下居民储蓄、银行贷款、间接融资的不同定义。

储蓄是指城乡居民将暂时不用或结余的货币收入存入银行或其他金融机构的一种存款活动，又称储蓄存款。储蓄存款是信用机构的一项重要资金来源。储蓄分为活期储蓄和定期储蓄。其作用主要有以下三点：一是作为一项信贷资金来源。通过聚少成多，变消费为积累，用来增加生产建设资金，在一定程度上可以促进国民经济比例和结构的调整，使社会再生产过程加速和规模扩大。二是作为货币的信用回笼手段，可以推迟部分购买力的实现，有利于调节货币流通。三是能够引导消费，有利于居民有计划地安排生活。

银行贷款是指银行或其他金融机构按一定利率和必须归还等条件出借货币资金的一种信用活动形式。广义的贷款是借贷、贴现、透支等出借资金的总称。银行通过贷款的方式将所集中的货币和货币资金投放出去，可以满足社会扩大再生产补充资金的需要，促进经济的发展；同时，银行也可以由此取得贷款利息收入，增加银行自身的积累。

间接融资，是指拥有暂时闲置货币资金的单位通过存款的形式，或者购买银行、信托、保险等金融机构发行的有价证券，将其暂时闲置的资金先行提供给这些金融中介机构；然后再由这些金融机构以贷款、贴现等形式，或通过购买需要资金的单位发行的有价证券，把资金提供给那些有需要的单位使用，从而实现资金融通的过程。

由此可知，无论是居民储蓄还是企业贷款都需要进入间接融资这一渠道，而以银行为首的金融机构正是间接融资的主力军。居民通过银行系统把资金按照一定期限存入，然后企业通过银行信贷进行融资，也就是按照约定期限进行贷款，最终把银行贷款投资到企业经营的项目中去。

115 为什么有"三百六十行"？

我们从小就常听大人念叨"三百六十行，行行出状元"，意思是说，在社会上有不同的产业分工，而不同的产业分工会产生不同类型的工作，由此鼓励年轻人只要认真工作，都可以在本职岗位上发光发热。那么，为什么社会上会产生不同的产业部门，而又为什么不同类型的企业属于各自类型的产业部门呢？

这一问题涉及社会分工和产业结构理论的原理。社会分工取决于生产力水平和生产关系性质，它随着社会的发展而变化发展。在不同的社会历史阶段，分工具有不同的特点、形式。在奴隶社会，由于生产规模很小，经济和科学技术发展水平不高，社会分工处于不发达的较低级的阶段。到了封建社会，农业中的分工由于土地的小块经营而受到了阻碍，手工行业之间的分工也是很少的。随着近代工业的出现，资本主义经济和科学技术的发展，造成了社会分工的广泛发展，主要表现在：新的生产领域和生产部门的增加，企业或工厂内部分工的出现，生产过程的专业化分工越来越细，在整个社会中形成复杂的分工体系，并把分工扩展到国际范围，出现了国家间的分工。

当我们观察和分析产业问题时，通常都会采取联合国制定的《全部经济活动国际标准产业分类》（International Standard Industrial Classification of All Economic Activities, Rev.4），将产业划分为：农、牧、林、渔业（通常我们所说的第一产业）；采矿和采石，制造业，水、电、燃气供应，污水处理、废物管理，建筑业（通常我们所说的第二产业）；批发和零售，汽车和摩托车修理，运输和存储，住宿和餐饮服务，信息和通信，金融和保险，房地产业，科学和技术，行政和辅助，公共管理，国防，社会保障，教育，人体健康和社会工作，艺术、娱乐和文娱，其他服务，家庭作为雇主的家庭自用、未加区分的物品生产和服务，国际组织和机构（通常我们所说的第三产业）。

因此，在现代社会生产力有了巨大的发展，工业、农业、建筑业、商业、运输业等均达到了相当规模时，各产业间的细分化程度会越来越高，社会分工必将协调发展。

116 为什么人口增长反而可能导致经济停滞？

这个问题包含了两个方面的内容。

首先，人口增多了就意味着需要有更多的食品提供给人们食用；而人们必需的食品，尤其是以粮食为原材料的食品所需要的种植土地、气候条件等因素不可能随着人口的增长而更有利于食品的生产，所以食品的供应量不会随着人口的增长而相应增加。这样就出现僧多粥少、食品供不应求的局面。于是人们会愿意用更贵的价格去购买食品，所以，随着人口的增长，食品的价格也会上升。

其次，是经济停滞问题，所谓经济停滞是指社会生产下降、经济增长缓慢或波动，以及由此带来的失业人数的上升。如果人们花更多的钱去买食品，在其他方面的花销就会相应地减少。假设每个月 10000 元收入中，原来用于食品的花费是 1000 元，那么用于娱乐、旅游、学习等其他费用最多可以花费 9000 元；而如果要将 2000 元用来购买食品，那么只有剩下 8000 元可以被用作其他用途。减少了可以用于其他用途的花销就意味着：要么减少购买的数量，要么购买更加便宜的东西；而对于商家来说就意味着降价销售，或者减少产品的生产数量。所以，经济停滞最终的结果就是产品生产数量减少，社会经济收入减少；同时由于产品的生产任务减少了，生产工人也就不需要原来那么多了，从而导致一部分企业员工的失业。这些现象如长时间得不到改善，就会使经济停滞不前。

117　农业劳动力为什么会流入其他产业部门？

这种现象在我们周围比比皆是，如今的纺织加工厂、建筑工地以及其他诸多类别的工人中，有很多人原来都是农民。这种现象可以用农业部门和工业部门劳动力的边际生产率之间的差别加以解释。

经济学中的边际劳动生产率概念，是指劳动者多投入一个单位的劳动力所能生产的劳动成果的数量，多投入一个单位劳动力能够生产的劳动成果越多，则边际劳动生产率越大。比如，在一号生产线增加 1 个工人生产汽车能够多生产出 2 辆，而在二号生产线增加 1 个工人能够多生产出 8 辆，那么二号生产线的边际劳动生产率就比一号生产线的大。和工业相比，农业生产会直接受到自然环境的制约，土地面积、质量和气候条件限制了农产品产出的数量，增加劳作的农民数量，并不会相应提高能够收获的农产品的数量。所以，增加相同的劳动人数，在农业部门增加的农产品数量要少于工业部门增加的产品数量。

由于人类发展的自然规律以及生存需要，农业生产先于工业生产出现。一开始，由于生产力水平低下，从事农业生产的人数很多，而农产品一般只能满足人们温饱；随着科学技术的运用，生产方式不断改善，少数农民就可以生产出足够多的农产品，导致农业部门存在过多的劳动力。随着城镇化的发展，人们日常生活、工作中对第二、第三产业的产品与服务的需求日益增多，因此，也就需要更多的劳动力来支撑这两个产业的运行，于是，农业部门剩余的劳动力就会流入其他产业部门。

118 为什么剩余劳动力对发展中国家更重要？

如果一部分人撤离，不再从事某项产品的生产后，并没有使得这项产品的总产量有所减少，那么这部分人就是剩余劳动力。

打个比方，某皮鞋厂年产 5 万双皮鞋，新的一年有 30 位员工选择去了别的单位后，该皮鞋厂的年产量依旧是 5 万双，那么该皮鞋厂上一年度的剩余劳动力数量为 30 人。在发展中国家，人均生产的产品数量很少，表现在经济数据上就是人均国内生产总值即人均 GDP 处于较低水平。这是由于发展中国家往往社会生产技术不高，生产效率很低，从而导致剩余劳动力很多。发展中国家为了经济的发展必然会寻找适当的竞争机会争取提高本国的经济水平，比如，出口商品可以从国外获取利润来增加本国的收入。由于剩余劳动力的存在，所以可以用较低的工资建立雇佣关系，从而生产出的产品价格比较低廉。同时，由于剩余劳动力的数量很庞大，可以保证在一段较长的时间里工人的工资处于低水平，从而使得生产出的产品长期保持低价格，在市场上也可以长期保持竞争优势，不断地从中获利，用以更新生产技术、提高生产效率、扩大生产规模；也能够使得原本剩余的劳动力投入到新的生产中去创造价值，从而可以在逐步提高个人收入水平的基础上，使全社会的总体收入水平得以提高，国家经济得以起飞。

以中国为例，2010 年国内生产总值超越日本成为全球第二，但是人均国内生产总值全球排名只居第九十三位，说明中国仍然是一个发展中国家。人口众多是中国的基本国情，虽然很多城市都步入了现代化，人民过上了小康生活，但是还存在不少贫困落后地区，在那里，劳动生产效率低下，人们的收入微薄，有大量的剩余劳动力存在。所以，从总体上讲，中国属于发展中国家，需要利用剩余劳动力来推动局部地区的经济发展，逐步提高国家的经济水平。

119　为什么有钱人家的食品消费在总收入中所占比重比较小？

经济学中有一个重要的专业术语恩格尔系数（Engel's Coefficient）。那这一系数到底指的是什么呢？这个系数对于我们日常生活会产生怎样的影响呢？

恩格尔系数是食品支出总额占个人消费支出总额的比重。19世纪德国统计学家恩斯特·恩格尔（Ernst Engel, 1821—1896）根据统计资料，对消费结构的变化总结出一个规律：一个家庭收入越少，其收入中（或总支出中）用来购买食物的支出所占的比例就越大；随着家庭收入的增加，其收入中（或总支出中）用来购买

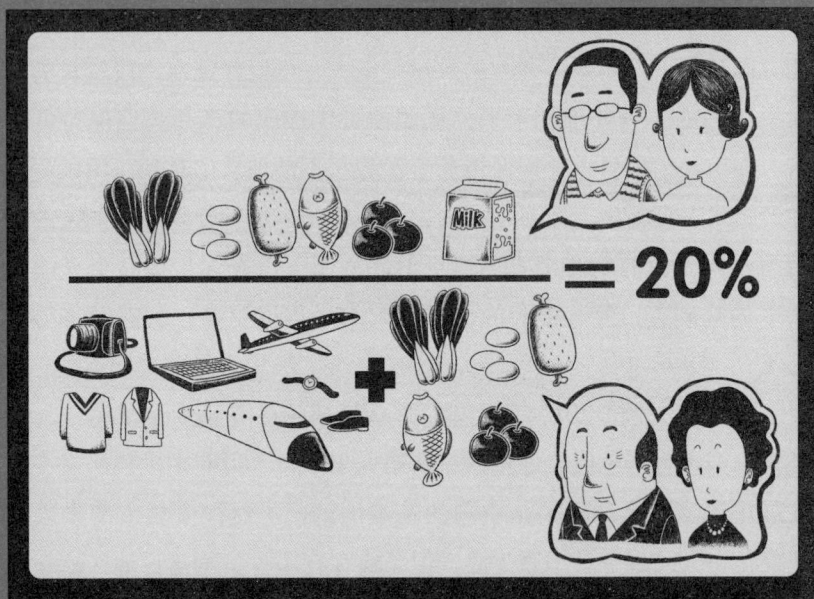

食物的支出比例则会下降。因此，一个国家越穷，每个国民的平均收入中（或平均支出中）用于购买食物的支出所占比例就越大；随着国家的富裕，这个比例呈下降趋势。

联合国根据一个国家平均家庭恩格尔系数的大小，对世界各国的生活水平有一个划分标准：大于60%为贫穷，50%－60%为温饱，40%－50%为小康，30%－40%属于相对富裕，20%－30%为富裕，20%以下为极其富裕。按此划分标准，20世纪90年代，恩格尔系数在20%以下的只有美国，达到16%；欧洲、日本、加拿大在20%－30%之间，处于富裕状态；东欧国家一般在30%－40%之间，处于相对富裕状态；剩下的发展中国家，基本上分布在小康及以下水平。

因此，越是富裕的家庭，它们的恩格尔系数越小；越是贫穷的家庭，它们的恩格尔系数越大。由此可以得出高收入家庭食品消费占收入的比重更小这一结论。

120　为什么收入不平等与一国的工业化程度有关？

收入不平等可以用最贫穷人口的比例和人们收入的比例相比较来进行衡量。如果最贫穷人口比例越大，而他们占有的收入在总收入中的比例越小，那么收入就越不平等。

直观地来描述，如果有两个国家：A 国，全国最贫穷的 30% 的人赚取的收入之和占所有人赚取的收入总和的 20%；B 国，全国最贫穷的 30% 的人赚取的收入之和占所有人赚取的收入总和的 10%，那么 B 国的收入不平等情况要比 A 国的严重。

收入不平等与一国的工业化程度存在一定的关系。我们知道，农产品的劳动生产率低于工业产品，所以农产品的价格没有工业产品的高，因而农民的收入也没有工人的高。在工业化之前，人们生活在农业社会，大都从事农业劳作，这个时候，他们的收入相差无几；当工业化生产兴起时，一部分农民转向工业生产，成为工人，他们的收入高于农民的收入，于是就产生了收入的差别。随着工业化生产的扩大，又有一部分农民转变为工人，并赚取更多的收入，于是收入的差距被拉大。但是随着工业化程度的进一步深化，生活中普遍使用工业化生产和产品了，工业部门吸收了更多农民，他们成为工人后，收入普遍得到了提高，人们收入的差距就缩小了。

下表为一个理想状况下的简单构成表格模型，如果你有兴趣可以动笔试算一下。

如果一国农民的收入为每人 1 元，工人的收入为每人 2 元；假设总共有 10 个农民，一开始没有工人，当工业化逐步扩大，农民逐步转变成工人，计算最穷的 5 人的收入占全部收入的百分比情况，如表。

农民人数	工人人数	总收入	最穷 50% 人	最穷 50% 人的构成
10	0	10	50%	5 人全部是农民
9	1	11	45.45%	5 人全部是农民
8	2	12	41.67%	5 人全部是农民
7	3	13	38.46%	5 人全部是农民
6	4	14	35.71%	5 人全部是农民
5	5	15	33.33%	5 人全部是农民
4	6	16	37.5%	4 个农民 +1 个工人
3	7	17	41.18%	3 个农民 +2 个工人
2	8	18	44.44%	2 个农民 +3 个工人
1	9	19	47.37%	1 个农民 +4 个工人
0	10	20	50%	5 个全部是工人

121 为什么国民收入不仅仅是全社会所有个体收入之和？

全社会个体所有收入之和在经济学中的专业名词叫作个人收入；国民收入和个人收入都属于一个国家国民经济体系中的重要指标，它们之间有密切的联系。那么什么是国民收入，什么是个人收入呢？从广义上讲，国民收入是指一个国家在一定时期（通常为一年）内由全体劳动者新创造的价值的总和；而个人收入是从国民收入中派生出来的一项指标，是个人在一年内从各种来源（其中包括了劳动报酬和提供社会需要的要素的报酬，如存款的利息，投资股票的收入等）所得到的收入总和。这里所说的国民不单包括了每个公民个体，还包括了企业单位；所以在国民收入中，一部分属于公民个体的收入，另一部分则属于企业的利润。比如一个国家一年新创造 100 万价值，其中 40 万分给各个企业作为它们的利润，60 万分配给这个国家的公民作为他们这一年的报酬。然而，个人的劳动收入和要素收入并不是经济学中个人收入的全部，个人收入中还包括其他类别的收入，比如贫困家庭收到的政府补助金，这些收入并不是因为公民参加劳动生产或提供要素而获得，所以没有在国民收入中体现。用一个公式概括国民收入与个人收入之间的关系，即个人收入 = 国民收入－分配给企业的利润 + 不是提供劳动或要素的收入。由此可见，国民收入和全社会所有个体的收入有密切的关系，但是也有差别，决不能将两者简单等同。

122 为什么人们愿意以减少储蓄来维持消费水平？

这种情况在我们的生活中确实是非常常见的，生活中有很多可能导致收入下降的因素，或许是因为被扣当月奖金，又或许是因为慈善捐款使得收入减少，而通常遇到类似收入减少的情况并不一定会改变我们正常的消费支出。我们都知道储蓄是收入减去消费后所剩下的钱，如果用 Y 表示收入，C 表示消费，S 表示储蓄，那么一定有等式 $Y=C+S$ 将这三者联系起来，当收入减少即 Y 减少，而消费不变即 C 不变的情况下，储蓄 S 就会减少。发生这种现象通常有一个先决条件，那就是收入水平的下降是暂时性的。比如，这个月被扣了奖金是因为意外情况而请了三天事假，慈善捐款也不是经常发生的支出。因为收入水平的下降是暂时的，所以我们会在心中预期以后的收入会恢复正常，于是就没有必要减少购物、娱乐的消费支出，转而使用减少储蓄的办法来渡过"难关"。储蓄就像每个人的资金蓄水池，它的用途就是在必要的时候动用，人们储蓄的目的通常是为了应对不时之需。

特别需要注意的是，在收入下降是暂时的前提条件下，人们一般不会改变原先为自己设定的消费额度；但是当收入下降不是暂时的，或者在收入下降以后人们无法预期到未来还能否拥有以前一样的收入，情况就会发生变化，人们会重新安排自己的生活费用，这时通常会出现用于消费和储蓄的钱都减少的情况。就像在 2008 年世界金融危机爆发之后，许多国家的民众都减少了收入，并且无法预计何时情况会有所好转，于是就纷纷减少了消费支出；不少西方国家的民众甚至缩减了很多用于圣诞节的花费。

123　为什么去欧洲旅游的人可以凭发票领回购物税款？

我们在欧洲旅游的时候，往往会购买一些商品，在商家给我们的收据上，会印有 VAT 的字样及其相应的金额，VAT 是英文 Value Added Tax 的缩写，指的就是购买商品所交的增值税。在离境时，填写退税单后，根据不同的额度比例，可以退回由于购买这些商品而交的税。

在欧洲，政府都会向批发商或者零售商征收一定比例的税金。在一般情况下，商品的标识价格中已经含有了这部分税金，而需要向政府纳税的人通常是在境内生产、委托加工、零售和进口消费品的企业和个人。对于国外的游客，在欧洲旅游时购买的商品被视同为出口，大多数征收此类税种的国家，都有出口退税的制度，因此，外国游客在旅游当地购买商品可以享受退税。同时，不少国家为鼓励外国游客购物消费，也会通过一定方式向外国消费者返税。

这些所退税款均来自欧盟国家政府，所有退税操作由退税机构帮助办理。通常的办理程序是外国消费者在商店购物后，由商店开出退税单据，消费者在离境时，将所购物品及退税单据交海关查验并盖章，然后凭退税单据和原始购物发票到退税机构的网点办理退税。

因此，到欧洲旅游的中国游客都享有购物退税的权利。需要注意的是退税必须是购物当日至1—3个月之内离开欧洲时，由海关盖章后方可生效。对于中国游客，只要在规定时间内到欧洲当地国家的海关检验所购物品后，就可以办理退税。若有机会去欧洲旅游购物，请一定别忘了享受这份权利。

124 为什么发展中国家更需要支持和保护本国新兴产业？

一般而言，发展中国家在发展新兴产业的初期，暂时还没有能力同国外较发达的同类产业竞争，但是新兴产业往往具有相当的发展潜力，并且与国内很多其他产业的发展都息息相关，对于其他产业的发展也具有积极的推动作用。如果通过对该产业采取适当的保护政策，提高其竞争能力，将来可以具有比较优势，能够出口它们的产品，这对国民经济的发展会有很大的贡献。

同时，新兴产业形成的核心原因是技术创新，但重大技术创新一般都面临着很大的风险或不确定性，其创新的高度不确定性将产生高额研发成本；而目前，发展中国家和发达国家的科技差距较大，企业的创新活力不足，因此需要政府对新兴产业的创新活动，特别是基础性研究进行资助。

其次，发展中国家提供了一个有保护的、有利可图的市场，使这些国家的工业，特别是本国的新兴产业得到迅速的发展，从而促进这些国家经济结构的改善，加强它们的经济自立程度。

所以，发展中国家往往会采取各种措施，限制某些外国工业品的进口，促进和保护国内新兴产业的发展，为本国产业转型创造有利条件。

政 治 经 济 学

125 为什么说劳动创造了价值？

马克思价值理论认为：某物有价值，首先它要能满足人类的需要，比如当你口渴了，这时水就能满足你解渴的需要；其次，价值的概念是商品用于交换时产生的，也就是说水能解渴，只是说明水有使用价值，并不能体现它有交换价值，价值概念是建立在交换的基础上的，当我们口渴了到商店购买矿泉水，在水、钱交换的瞬间就体现了水的交换价值，这样的水既拥有了使用价值又拥有了交换价值，我们才能说它拥有价值。

那为什么说劳动才是价值创造的源泉，而不是其他的任何因素？商品是由劳动创造的，包含价值和使用价值双重属性。就像制造一瓶矿泉水，我们需要水源、加工设备、销售渠道等一系列资本，但仅是拥有这些资本我们是不可能在超市的货架上看到矿泉水的，而只有拥有了劳动，对这些资本进行加工利用，使这些资本中凝聚的价值转移到矿泉水中，使它的价值大于资本原本的价值，这多出来的价值就是劳动创造的。由此我们可以得出：资本虽然参与了劳动创造的过程却不创造价值，其本身含有的价值是上一步劳动创造的；劳动以资本为载体创造出新的价值，所以劳动是价值创造的源泉。

126 为什么说资本积累加强了资本家的剥削程度？

资本积累是剩余价值转化为资本，即剩余价值的资本化。资本家把从雇佣劳动力那里剥削来的剩余价值的一部分用于个人消费，另一部分转化为资本，用于购买扩大生产规模所需追加的生产资料和劳动力。从中不难发现，资本积累的源泉是资本家对劳动力的剥削，资本家资本积累的目的是为了扩大再生产，从而进一步无偿地占有更多的剩余价值。我们以矿泉水生产商为例：矿泉水生产商雇佣一名工人，工作了一年之后，发现手上有了再购买一套矿泉水生产设备和雇佣另一名工人的资金（资本积累的过程）。为了获得更多的利益，他决定扩大生产规模，于是用积累的资本又购买了一套生产设备，同时又雇佣了一名工人。这名新工人与老工人一样，矿泉水生产商每天支付给他 20 元钱，同样要求他每天生产 100 瓶矿泉水。我们假设每瓶矿泉水中凝聚的劳动力的劳动价值同样是 0.5 元，即矿泉水的市场价值和中间投入的价值不变，那么由于资本积累而得以扩大再生产后，矿泉水生产商每天获取的剩余价值增加到 60 元。这中间每天多出来的 30 元就是资本家对于劳动力的进一步剥削。从资本积累到资本家进一步剥削劳动力，中间其实有一个扩大再生产的环节，正是这样一个环节的存在，使得资本积累与资本家进一步剥削劳动力能够联系起来。

127 为什么劳动具有二重性？

劳动二重性，就是指生产商品的劳动分为具体劳动和抽象劳动。具体劳动，指按一定形式和目的创造使用价值的劳动，抽象劳动则是指撇开劳动的具体形式的无差别的人类劳动。比如，工人生产矿泉水的劳动就是一种具体的劳动，木匠将木头加工成桌椅是另一种具体劳动，裁缝将布料制成衣服又是一种具体劳动。制造不同使用价值的物品所需要的不同形式的劳动，就是具体劳动。假设工人生产一瓶矿泉水的过程创造了 0.5 元的价值，木匠加工一个桌子创造了 10 元的价值，裁缝制成一件衣服创造了 20 元的价值，工人、木匠和裁缝用他们各自的劳动创造出新的价值。对这种创造出新价值的劳动的总称，就是抽象劳动。他们的劳动形式虽然不同，但是都创造了价值，这一点是无差别的，不同的只是创造出价值的量的差别。不难发现，不管是工人、木匠还是裁缝，他们并没有付出两种劳动，所以不难发现生产商品的劳动都天然地具有二重性。也正是因为二重性的存在才使得商品交换成为可能。一方面，不同劳动者其具体劳动产生不同的使用价值，为了满足需求，他们必须进行交换；另一方面，不同劳动者的劳动都是无差别的人类劳动，即抽象劳动，它创造商品的价值，使他们的劳动及其产品能够在量上加以比较，在等量的基础上进行交换。劳动二重性的重要性也使其成为理解马克思主义政治经济学的关键。

128 为什么黄金天然是货币，而货币天然不是黄金？

马克思认为，货币是从商品中分离出来固定地充当一般等价物的，在黄金还没有成为货币之前，货币已经以其他的形式存在了。在原始社会，人们用以物易物的方式交换自己所需要的物资，比如一头羊换一把石斧。但是，有时候受到用于交换的物品种类的局限，不得不寻找一种为交换双方都能够接受的物品，这种物品就是最原始的货币。牲畜、盐、稀有的贝壳、珍稀鸟类羽毛、宝石、沙金等不容易大量获取的物品，都曾经作为货币使用过。这也从一个侧面告诉我们，如果没有黄金，货币作为用于商品交换的一般等价物是依然会存在的；同时也说明了货币天然不是黄金。

经过长年的自然淘汰，在绝大多数社会里，作为货币使用的物品逐渐被白银、黄金所取代。黄金是最早的世界通用货币，如今黄金依然是世界贸易中主要的通用货币之一。黄金能成为货币是由下面几个因素决定的：首先，黄金是稀少的，也就体现了它每单位的价值是很大的，买一头羊就只需要很少量的黄金，如果用石头就会需要很大的量，携带极不方便；其次，黄金的化学性质不活泼，能够长期保存和保值；再次，黄金可以方便加工使用，纯金甚至可以用小刀任意切割，方便商品交换；最后，黄金得到大多数人的认可。黄金上述的这些特性，决定了它天然就是货币。

129 为什么货币可以作为贮藏的手段？

贮藏，就是将东西积聚收藏起来；货币的贮藏手段，就是指货币退出流通，以社会财富的一般代表被贮藏起来的职能。需要提醒的是，充当贮藏手段的货币必须是实在的足值的金银货币。只有金银铸币或金银条块才能发挥货币的贮藏职能。我们已经知道，货币的实质就是固定地充当一般等价物的物品，某件物品能够成为货币，那么它的价值一定能被人们普遍接受。同时，它的价值必然也很稳定。想象一下，当人们拥有的货币的价值大于他们现在需要消费的价值，那么多出来的货币就转化为人们的财富，这部分货币是可以用于将来消费的。在这个过程中，货币实质上就被作为贮藏手段。换个说法，货币之所以可以作为贮藏手段，其实是因为货币可以作为财富的象征。具有价值的东西被称为财富，所以，我们身边有价值的物品，比如房屋、桌椅、车、手机、衣服等，都是我们所拥有的财富。由于作为一般等价物的货币可以用来交换上面说到的任何物品，所以，货币可以作为财富的一般象征。货币可以用于贮藏，还因为它不会随时间的推移而发生价值的损失，同时易于保存。我们日常生活所使用的纸币并不能作为贮藏的手段，是因为纸币只是货币符号，其本身并没有价值；随着时间的推移，其代表的价值有可能会损失，这也是法国大作家巴尔扎克笔下的守财奴葛朗台喜欢收藏黄金，而不喜欢将纸币存放在家里的原因。

130 为什么马克思主义者认为社会主义必定会取代资本主义？

自资本主义诞生以来，社会生产力得到迅猛的发展，人们生活水平得到提高；但是，资本主义社会每隔一段时间都会发生经济危机，比如 1825 年英国爆发的第一次周期性普遍生产过剩的经济危机，20 世纪 30 年代的经济大萧条。在后一个大危机中，被毁坏的炼铁炉美国达 92 座，英国为 72 座，德国为 28 座，法国为 10 座。1933 年，美国有 1040 万英亩的棉花被毁在地里，巴西有 2200 万袋咖啡被销毁，丹麦有 11.7 万头牲畜被消灭。当千百万人饱受失业痛苦的时候，当广大人民仍在贫困线上挣扎的时候，资产阶级竟如此毁坏由劳动人民辛勤创造的社会财富，这充分反映了它的腐朽性和历史局限性。资本主义经济危机的根源在于资本主义的固有矛盾。在资本主义社会里，每个资本主义企业都是社会化大生产这个复杂体系中的一个环节。它在客观上是服务于整个社会，满足社会需要，同时受社会调节的。但是，由于生产资料私有制，生产完全从属于资本家的利益，资本家们各行其是，各生产部门比例不协调；严重比例失调是引起经济危机的重要原因。资本主义的固有矛盾是伴随资本主义的诞生而产生的，所以，要解决资本主义固有矛盾，只有消灭资本主义。而社会主义并不存在这一固有矛盾，社会主义的生产资料公有制，将完全解决经济危机的根源问题。所以，马克思主义者认为，社会主义代替资本主义是人类社会历史发展的客观规律，这是由资本主义制度本身无法克服的固有矛盾决定的。

131 为什么相对过剩人口对维持资本主义经济非常重要？

在政治经济学中有一个重要的概念，就是相对过剩人口。其含义有两层：一是，相对于整个资本主义经济可以吸收的就业数量而言，希望得到工作的人太多了，这层意思有点绝对过剩的味道；二是，资本家为了获得更高的利润，他们往往会加速技术创新，使用更好的机器设备，最终将正在就业的劳动力替代下来，这层意思就带有相对过剩的意思了。现在西方发达国家往往是几个人就可以耕种上千亩土地，采用的是飞机播种、机械化收割等手段。但我们必须知道，相对过剩人口的存在对维持资本主义经济有着重要的作用，它甚至可以随时调节和满足生产周期变动对劳动力的需求。例如，在经济不景气的时候，大量工人被解雇，被抛进失业大军队伍；在生产走向高涨时，他们又从失业大军中被随时吸收进企业。相对过剩人口起到了劳动力"蓄水池"的作用。而且，大量失业人口的存在，使得工人在竞争就业岗位时，不断放低要求；而资本家恰恰就利用了这一点，压低在业工人的工资，提高他们的劳动强度，从而加重对在业工人的剥削。因此，相对过剩人口，即大量失业人口的存在，是资本主义生产方式存在的必然"伴侣"。

132 为什么说剩余价值论是马克思一生中的重大发现之一？

马克思一生在自己研究的每一领域，甚至在数学领域，都有独到的发现。这些发现使马克思的名字永垂于科学史册。在马克思的许多重要发现中，剩余价值论是他在经济学领域的一个重大发现，这个理论使我们彻底弄清了资本和劳动的关系，发现了现代资本主义生产方式和资本主义社会特殊的运动规律。早在马克思之前，许多经济学家也都谈到过剩余价值，比如，一位名叫罗伯特·欧文的人通过经营工厂的实践，发现工人为企业生产的比他们自己消费的要多，两者的差额成了资本家的利润。但他对这一发现没有给予全面的理论阐释，只是认为剩余价值的存在是对价值规律的破坏，并认定资本和劳动的交换是不等价交换。与此不同，马克思则考察了作为劳动过程和价值增值过程的统一的资本主义生产过程，揭示了价值增值的秘密，指出了剩余价值是雇佣工人在生产过程中创造而被资本家无偿占有的超出劳动力价值的价值。不仅如此，马克思还发现了资本主义生产方式的基本经济规律，指明"生产剩余价值或赚钱，是这个生产方式的绝对规律"。这样，马克思最终提出了剩余价值理论，完成了自己的伟大发现。

金　融　学

133　为什么国债被称为"金边债券"？

我们通常将国债称为"金边债券"。这个叫法源自17世纪的英国，政府经议会批准，以每年税收收入作为担保物发行政府公债，由于当时发行的英国政府公债带有金黄边，信誉度很高，因此被称为"金边债券"。后来金边债券被用来泛指各国中央政府发行的政府债券，以形容国债风险极低。国债由一国的征税能力作为其还本付息的保证，投资者一般不用担心金边债券的偿还能力。但是，正因为具有极高的安全性，所以它的收益率就比较低，一般只适合追求低风险和稳定收益的投资者。通货膨胀比较严重，或者股市、楼市等其他投资方式火爆的时候，很多投资者不愿意购买国债，这些所谓的金边债券也会遭遇寒冷期。为了鼓励投资者购买国债，大多数国家都规定，国债投资者可以享受国债利息收入方面的税收优惠，有的甚至免税。

134　为什么透支的2万元两年后会变成3万元？

2005年，刘先生在某股份制银行申请办理了一张信用卡，透支额度为 2 万元。一次由于急需资金做生意，就全部透支了，后来一直没还上；到了 2007 年，银行方面给刘先生寄来的账单显示，其应还款额已变成 3 万元。拿到账单，刘先生吓了一跳，短短两年，2 万元欠款竟然增加了 50%，这是怎么回事？

答案就是复利，也就是我们俗称的"利滚利"。就是得到利息后，把利息加入本金一起生利息，爱因斯坦称其为"世界第八大奇迹"。我们回到刘先生的账上，银行方面给刘先生的透支利息是日息万分之五，按月收复利，意思就是说，每月都把该月的利息加总到当月本金里面，算作下个月的本金，再去生利息。虽然看起来每个月所收的利息不是很多，但是长此以往，利息越滚越大，数字会大到你无法想象。现实生活中，银行吸收存款一般按单利给储蓄者支付利息，而给贷款者设计的很多贷款产品，就是以复利计算收取利息，例子中的信用卡透支就是其中一种。从这一点我们也可以看出银行盈利的高明之处，表面看银行只赚取存贷款利息差，实则不然，因为手握"复利"这个利器，银行赚的远远不止存贷款利息差。也正是因为复利的"残忍"，国家法律已经对民间借贷的复利现象实行了一定的限制。对于我们大众投资的很多理财产品，我们可以把这些产品看成是"变相的复利产品"。比如，某基金从 2004－2007 年，4 年内年平均收益率大概都维持在 15% 左右，如果把这每年的年收益率看成是该基金的年利息率，那么，该基金就是一个"复利产品"，因为 2005 年的"本金"是 2004 年的"本息和"，之后每一年都是如此。但是，它每年的收益率又不是固定的，是随着市场行情有所波动的，所以，我们说这是"变相的复利产品"。

135 为什么刷卡消费会更"大方"？

每当我们用信用卡消费时，往往会比用现金消费花得更多、更大方。这是为什么呢？道理很简单，也许你会说，因为刷卡时看不见真实的现金，没有数钱支付的痛苦感，只看见了数字而已，因此，花钱也就会更多、更大方，这样说不无道理。但是，从更加专业的角度，行为经济学家往往会用"心理账户"理论来解释这类消费现象。

人们平时会将不同的钱归入不同的"账户"，比如"养老的钱"、"投资的钱"、"辛苦赚来的钱"，或者"一定不能花的钱"等等，像这样的自己贴以标签的"心理账户"还有很多，可谓五花八门；而且不同"账户"的钱在人们心中的价值是不一样的，人们会过分看重某些"账户"中钱的价值，而过分忽视另一部分"账户"中钱的价值，这往往会导致非理性消费行为的发生。

举个例子来说，"辛苦赚来的钱"和"买彩票中来的钱"，这两个"心理账户"中的钱在人们心中的价值是会不一样的。如果一部分钱被我们归入了"辛苦赚来的钱"，那么我们在花这部分钱的时候会相对小心谨慎，以致消费思前想后，投资畏手畏脚。而对于"买彩票中来的钱"，人们会认为反正这部分钱是中奖得来的，没了也不至于有多痛心，容易发生过度消费、盲目投资的非理性行为。同样的道理，人们感觉信用卡中的钱的价值似乎比"现金"的价值低，所以人们刷卡消费时自然会显得大方。

136 为什么早期的银行家被称为"坐长板凳的人"？

银行在我们生活中随处可见，谁都离不开。银行的英语单词bank，来源于意大利语 Banca，意思是板凳；早期的银行家在市场上进行交易时常使用板凳，因而被称为"坐长板凳的人"。而这些"坐长板凳的人"可以说就是现代银行的起源。我们知道，银行的主要业务是存贷业务，就是收取储蓄者的存款放贷给资金需求者，以赚取存贷利息差价。那么，银行的这种功能与"坐长板凳的人"有什么联系呢？

原来，在16世纪以前，西方社会普遍忌讳有报酬借贷这种做法，他们认为，有报酬的借贷行为是罪恶的。随着资本主义的萌芽，商品经济获得了大发展，跨国经济贸易不断扩大，当时的意大利由于地理位置优越逐渐成为商业贸易中心，与此同时，有部分商人通过自己的贸易实践发现商机，专门为来往的各国商人兑换货币。这些人整天都在集市上的长板凳上坐着，等待需要兑换货币的人。后来，他们不断拓展新的业务，逐渐开始了保管和汇兑业务。这些"坐长板凳的人"慢慢发现，手里经常会有一部分客户没有取走的现金，如果他们把这部分闲置的资金借给急需用钱的人，就可以从借款者手中获得报酬，即利息。再到后来，他们又开始吸收市民的闲钱，用于放贷；市民有了闲钱就可以存到"坐长板凳的人"那里，需要时又可以取回。久而久之，这些"坐长板凳的人"发展成一个专门的货币中介机构，这就是早期的银行。

137 股份公司是怎样产生的？

在西方，股份制出现以前，所有的企业都是业主制的。最早都是单一业主制，就是自己出资经营，收益自享，风险自担，所有权和经营管理权都是自己个人或者家庭独享的。在商品经济不是很发达的年代，或者企业规模本身不是很大的情况下，这种制度是完全适用的。

随着经济的发展以及企业规模的扩大，企业需要的资金量变大，有时会出现单个业主资本无法满足一个企业的基本运转的情况，于是就产生了合伙制，就是几个合伙人共同出资成立企业，共同追加资本，利益共享，风险共担。合伙制的出现一定程度上促进了企业的发展，但是，随着企业的发展以及外部环境的变化，它的缺点逐渐显现。比如，有的合伙人付出较少却能共享利益，因为个别人的懒惰造成的损失却要所有合伙人一起承担，在涉及产权转移以及交易问题时矛盾重重。于是，股份公司产生了。

股份公司制度实行"有限责任制度"，成立公司发行股票募集股本，追加资本时也是发行股票募集追加资本，所以，这样一个股份公司会有多位所有者——股东。他们每个人按自己的出资比例共盈同亏；同时，在公司经营上，这些所有者把经营管理权交给所聘请的一些具有专业经营知识的职业经理人，并由部分大股东组成的董事会监督，这种方式极大地满足了社会化大生产时代公司的资金需求，也很好地弥补了业主制的一些缺陷。

138 为什么称好股票为"蓝筹股"？

"蓝筹"一词源于西方的赌场。在赌场中，人们不直接用金钱赌博，而是将钱换成相应的筹码，用筹码进行赌博，结束时再用其换回金钱。在所有的筹码中，蓝色筹码最为值钱，红色筹码次之，白色筹码价值最低。后来"蓝筹"引申为一流、最好的意思，投资者将之引入资本市场，将这些行话套用到股票上，把那些具有稳定的盈余记录，能定期分配优厚股息，被公认为业绩优良的大公司的股票称为"蓝筹股"，也可以叫作"绩优股"。那么"蓝筹股"与"蓝筹"有什么共同之处呢？

首先，从价格上看，"蓝筹股"的经营管理良好，创利能力稳定，同时，这类公司在行业景气和不景气时都有能力赚取利润，风险较小。因此，"蓝筹股"在市场上受到追捧，价格较高，与赌场中"蓝色筹码"最值钱的意义相同。

其次,从盈利能力和方式上看,"蓝筹股"有着稳定的盈余记录,能定期分配较优厚的股息,即拥有"蓝筹股"的投资者一般不会承担太大的风险,往往还能稳定地有所收益,这与"蓝筹"的"一流"、"最好"有相同之处。

139 为什么"不要将所有的鸡蛋放在同一个篮子里"?

投资者小王有 30 万元现金,他把其中 10 万元存入银行,用剩余的 20 万元投资了 4 个基金,每个 5 万元;一年后由于急需资金将基金全部赎回,将银行存款也全部取回。他从银行取回的存款本息是103250 元;4 个基金赎回总额为 227654 元,其中两个是赚的,一个接近保本,还有一个是亏本的。那么,当初他为什么不把所有的钱都投资到那两个盈利的基金上,从而获得更多的收益呢?

诚然,如果小王真能预见到基金市场一年后的走势,那么无疑他会把所有的钱全部投到这两个收益高的基金上;但是很可惜他无法预见。对于投资者来说,收益与风险永远是并存的,即使是存入银行,也会有银行破产的风险,更不要说投资证券市场了。由于资产未来的收益和风险都是不确定的,所以,你手中的资产未来可能是盈利的、可能是保本的,也有可能是亏本的。既然如此,如果小王果真只选择投资了那两个盈利的基金,那么他是幸运的;但是如果他把所有的资金全部投入那个亏损的基金,那就损失惨重了。所以,金融学里面"不要将所有的鸡蛋放在同一个篮子里"是一种分散风险的管理方法,为了避免出现巨亏的局面,一般投资者都会选择多种投资方式,将资金配置在风险收益程度不同的金融资产上,虽然降低了部分收益,但也规避了风险。比如,上述例子中小王将部分资金存入银行,以获得

低风险的固定利息收入；又将部分资金投资于风险较银行存款大的基金，以期获得更高的收益。这种做法，就是我们常说的"不要将所有的鸡蛋放在同一个篮子里"。

140 为什么人们在经营活动中容易"跟风"？

2011 年 3 月，日本核泄漏引发中国国内抢盐潮，发生这种荒唐的事情，就是因为国人盲目跟风的心理在作祟。消费者的消费行为很多时候会受到别人的影响，他们往往失去自己的独立判断，而盲目跟从大众消费，这种现象在经济学上叫作"羊群效应"。那么，为什么会产生羊群效应呢？

在经济学上有"理性经济人"这一假设，就是说每个人在进行经济活动时，都以自己的利益最大化为目标；然而现实中，每个人最多算是"经济人"，而不能做到完全理性。人们每作出一项决定，总会考虑自己的得与失，但是，很多时候，由于信息不对称，他们无法确定自己的决定是否明智，于是往往会去参考别人的意见；当发现自己的做法与别人不一致时，就会重新思考自己的决定；当担心自己会吃亏时，心中的天平就会不自觉地倾向于别人的决定。人们会很容易地相信大众意见，尤其是众人的意见趋于一致时，更认为大家总是对的。如此一来就形成了"羊群效应"，俗称"跟风"。其实，众人的决定不一定都是正确的。在信息不确定的情况下，我们在进行一项经济决定前，可以先看看其他投资者的做法，但切忌盲目从众；我们应结合自己的收入水平、需求状况等实际条件，理性地进行思考，权衡利弊，谨慎决策，以免造成损失和浪费。

141 为什么国外证券公司会设置"中国墙"？

我们都知道 21 世纪是个信息发达的时代，信息的获取渠道多种多样，方式快捷方便。然而，有些信息我们一般人是获取不到的，或者说，通过不正当的方式获取的话是违法的。对于一个综合性证券公司来说，它一般会有承销业务、经纪业务、自营业务、资产管理业务等，这些业务都分属于，而且必须分属于独立的不同部门去执行。正因为不同部门之间独立运营，才有可能使不同部门之间核心信息得到有效阻隔，就好像它们之间有一道无形但坚固的墙——"Chinese wall"，即"中国墙"。此词被用来形容像长城一样坚固的阻隔。

也许你会说问，大家共同经营、充分利用不同部门之间的信息不是会更加有利于证券公司的利益吗？是的，这样做有时真的会给证券公司带来巨大利益，但是，它的客户也许会因此付出巨大代价。因为一个证券公司会有自营部门和经纪部门，它们分别负责自营业务与经纪业务。所谓自营业务，说白了就是用证券公司自己的钱进行市场投资为自己赚钱；而经纪业务，说白了就是用客户的钱为客户投资赚钱，证券公司只收取一些经纪费用。如果它们不独立运营，彼此能够充分利用到对方部门的信息，那么，很可能两个部门就进行内幕交易，操纵市场。证券公司因此会大赚一把，而信息严重不对称的客户就会亏损。所以，为了保护投资者利益，也为了防止内幕交易这样的事件扰乱证券市场的健康发展，西方国家《证券法》都对证券公司设置"中国墙"作了有关规定。

142　什么情况下会产生金融泡沫？

如果你细心留意的话，会发现如今大街小巷上，人们热议的话题已经从以前的豆浆、油条转移到股市、楼市上了。在我国，特别是城市里，人们对于一些虚拟资产、金融资产的追捧一度达到空前的热度。

在经济学上，一项资产，无论是虚拟的还是实体的，其市场买卖价因为某些原因远远超出其实际应有的价值，这部分差价就是我们所说的"经济泡沫"。不仅仅是金融资产，商品有时候因为不合理的因素也会导致"泡沫"的产生，只不过因为金融资产基本是脱离实体经济的虚拟资本，更具有产生泡沫的特性。所以，我们会经常有"金融泡沫"的说法。

那么，什么时候会产生金融泡沫呢？简单概括就是虚拟资本，比如有价证券价格的价值已经完全脱离了实体资本，如公司经营的商品无序发展，远远超出其实际应有价值。其实，导致金融泡沫的产生有很多因素，如经济制度的缺陷、金融市场环境的漏洞，还有投资者投机心理的原因。这些因素最终都会导致上述的价值偏离，从而产生金融泡沫。2006 年初至 2007 年 10 月那段时间，上证综指由 1300 点左右一路狂飙至 6124 点，某些个股的股票价值甚至涨了数十倍。按道理一个公司的股票价格主要由它的经营业绩决定，而一个正常公司的年营业利润率一般不超过 50%，某些成长性较好的公司营业利润指标也很少有超过 100% 的；然而，在这一年半时间里，这些公司的股价却能够涨几倍、十几倍甚至几十倍，与实体经济的发展情况相差悬殊。那么，此时可以说，如此巨大的市值膨胀里面充满了"股市泡沫"。

143 为什么现代证券交易所源自"梧桐树"？

如果你浏览过《经济学人》(The Economist) 这本全球发行的著名杂志，你是否还记得里面有个叫"梧桐树"的专栏，它就是该杂志的权威金融专栏，这个名字源于 1792 年 5 月 17 日的一个协议——《梧桐树协议》。那么这个协议与现代证券交易所有什么关系呢？为什么又说现代证券交易所源自"梧桐树"呢？

证券交易所主要是为市场上流通的有价证券提供一个固定的交易场所，由证券经纪人收取佣金后，按照交易所规则代买家和卖家在场内进行交易。这种现代证券交易所的交易方式就源于《梧桐树协议》，而签订这个协议的 24 位经纪人形成的经纪人交易联盟，也正是纽约证券交易所的雏形。

在当时的纽约，人们有了可以交易的股票和债券，品种也日益丰富，市场上逐渐出现了一批经纪人。他们的做法和现代证券交易所里经纪人的做法很相似，就是作为一个交易中介，靠收取客户的佣金替客户进行证券的买卖。当时他们没有一个固定的交易场所，经常聚集在街头、咖啡厅进行交易；但是经纪人之间的良性竞争体系始终没有形成，压低交易价格、比拼交易佣金的恶性竞争，催生了一些经纪人结成"经纪人交易联盟"的想法。最终，为了保护经纪人的利益，也为了证券交易市场不再混乱，有24位经纪人站出来签订《梧桐树协议》，规定以后在固定时间来到那棵梧桐树下，以统一的佣金比例（不少于交易额0.25%的手续费）进行交易，并且只能在会员之间完成，交易中互惠互利。这几个简单的交易规则，对后来现代证券场内交易产生了很大的启发，有的被沿用至今。

144 为什么证券经纪人被称为"红马甲"？

以往，在忙碌的证券交易所交易大厅里，一些身着红马甲的人争分夺秒地忙着打电话、下单……这些人，就是证券经纪人，也就是证券交易所场内的交易员。因为他们身着特殊的红马甲，所以平时人们习惯称他们为"红马甲"。

"红马甲"的职责是在证券交易中，代理客户买卖证券，从事中介业务。因为在证券市场场内交易中，投资人相互之间是不能直接买卖证券的，而是要通过证券经纪人来买卖的。证券经纪人作为买卖双方的中介人，通过询问证券买卖双方的买价和卖价，按照客户的委托，如实地向证券交易所报入客户指令，通过证券交易所，在买价和卖价一致时，促成双方证券买卖的成交，并向双方收取交易佣金。

然而，现在要是去证券交易所的话，你已经看不到20世纪90年代初股票交易所内人声鼎沸的场面了，交易，所内也没几个"红马甲"了。以庞大的电子通信网络为依托的场外交易已得到飞速发展，很多曾经通过电话和传真委托的交易都已转由网上交易系统完成，因而极大地提高了证券交易的速度。

此外，随着电脑的普及，传统的交易所交易也逐渐被场外交易取代。一般投资者只要家里有电脑，开户后下载一个简单的交易软件，就可以在家炒股。所以，如今的"红马甲"早已失去了最早一批"红马甲"所拥有的光环，在证券交易所内的地位也大不如从前。

145 为什么股市有时被称为牛市，有时被称为熊市？

2008 年，由美国债务危机引发了全球性金融危机，中国内地上证综指由 6124.04 点大幅下挫至 1664.93 点，使得股市长期处于低迷状态，我们称之为"熊市"。在此之前，从 2005 年开始，股市逐步走出低谷，至 2006 年股市全盘上涨，此可谓"牛市"。纵观上证综指，这样的例子不在少数。那么，到底什么是"牛市"，什么又是"熊市"呢？所谓"牛市"（Bull Market），也称"多头市场"，指市场上买入者多于卖出者，行情普遍看涨，延续时间较长的大升市；所谓"熊市"（Bear Market），也称"空头市场"，指市场上卖出者多于买入者，行情普遍看淡、延续时间较长的大跌市。

早在 1785 年的英国，一本叫作《小街交易所指引》的书上，已经出现牛（bull）和熊（bear）这两个名词，但当时的意义与现在的不同。现在在证券交易中，熊的意思是"卖空者，做空头者，抛售股票或期货希望造成价格下跌的人"；牛的意思是"买进股票等待价格上涨以图谋利者，或哄抬证券价格的人"。此外，从熊和牛的攻击习性分析，公牛使用牛角向上攻击，有向上的势头；熊用熊掌向下攻击，有向下的势头。

146 为什么企业要做财务报表？

如果你要开办一家企业，就必须要聘请会计做财务报表。什么是财务报表？财务报表是在一个会计期间内，对企业财务状况、经营成果和现金流量的核算分析成果。财务报表主要包括资产负债表、损益表、现金流量表或财务状况变动表、附表和附注。其中，资产负债表用来反映企业目前所拥有或控制的资产状况，以及企业现时所欠账款或者所需承担的债务责任状况；损益表又称利润表，主要反映企业一段时间内的收入，以及利润的实现与否的状况；现金流量表用来反映企业一段时间内，现金或者现金等价物流入和流出的状况。财务报表需要定期编制，分为月度、季度和年度报表。

在市场经济活动中，为什么一定要做财务报表呢？第一是便于管理。如果你是一个企业的管理者，你会向财务部索要公司的财务报表来了解公司经营状况，帮助自己决定公司的运营方向和目标。第二是减少外部投资者对公司经营状况的信息不对称。市场上各当事人掌握的信息往往是不完全、不对称的，不同的财务报表使用者可以根据自己的需要，查阅不同的财务指标帮助自己作出决策。如果你是一个股票分析师，要对一个股票进行全面的评价，你就需要这个公司的财务报表；如果你是一个理性的而且有经验的投资者，在决定是否投资一家公司时，你也会查看该公司的财务报表。因此，企业编制数字真实、内容完整的财务报表是很有必要的。

147 为什么称亏损为"赤字"？

平时我们看新闻，时会听到"财政赤字"、"贸易赤字"这类名词，想必大家也明白就是支出大于收入或者流出多于流入的意思。可是为什么我们把入不敷出称为"赤字"呢？

原来，南北朝西魏时期（535－556），陕西武功人苏绰在大统十一年（545）主管国家财政和农业，为了使有限的人力和物力能够确保战争的需要，他制定了记账制度。该制度规定，凡记账一律"朱出黑入"，即用红色表示财政支出，用黑色表示收入。后来在记账时，人们将收入用黑色标记，将支出用红色标记；当支出大于收入，表明出现"赤字"。这不仅大大地便利了财政管理，而且由于合理，会计学上一直沿用至今，这就是以"赤字"来体现"支大于收"。因为"亏损"一词是支出的成本大于获得的收入的意思，后来

"赤字"一词也作亏损之意，比如，有时我们会说"营业赤字"，就表明经营出现了亏损。

148 为什么说"现金为王"？

开办企业的人大都认同"现金为王"的说法。企业不怕暂时的亏损，最怕在现金流上出问题，企业亏损不一定会破产，但现金流一断企业就完全断了生机。

企业在最初起步时，将投资转换成资产，通过经营活动等使这些资产获得增值，这种资产增值过程中的现金自由流量就是现金流。如果我们把企业比作人体的话，现金流就相当于企业的血液：只有血液充足且流动顺畅，人体才会健康；只有现金充足且顺畅运转，才能让企业随时把握投资的机会，在必要的时机准确出击，获取更多的利润。在日益激烈的市场竞争中，企业的现金管理水平是决定生死存亡的决定性因素。

有的企业利用良好的现金流管理，找准时机进行投资，使企业逐渐做大做强。也有企业由于经营不善，产品卖不出去，资金套牢成存货；或者投入了过多资金建设项目，但高投资项目却未能创造相匹配的利润回收；抑或是以赊账方式卖给商家的货物没有得到偿付，现金流套牢成为应收账款。这些现金流的断裂，都会给企业的正常运转带来极大阻碍。

在这个"现金为王"的时代，因为现金流的断裂导致经营失败的例子不胜枚举：巨人集团的坍塌、达能乐百氏的失败……所以企业在确定经营规划的时候，一定要掌握投资和资金平衡的技巧，遵循低负债、高现金流的经营管理思路，才能使企业的发展脚步平稳而坚实。

149　为什么人们容易陷入"庞氏骗局"？

2008 年底，纳斯达克前主席麦道夫被告发涉嫌欺诈 600 多亿美元，制造了美国历史上最大的金融骗局。他的诈骗手段很简单，就是想尽一切办法让人们去投资一个虚拟的、根本不存在的项目，给予最初一批投资者一定报酬，以吸引更多的后续投资者；以后，就使用后续投资者的投入资金去给之前的投资者支付利息收益，制造项目盈利的假象以维持"项目"的运转。这种诈骗方法与 20 世纪 20 年代发生在波士顿的查尔斯·庞兹的诈骗手法如出一辙，被称为"庞氏骗局"。与此相类似，我们比较熟悉的传销也是利用了这种手段。

那么，为什么人们容易陷入"庞氏骗局"呢？有两个最重要的原因：第一，就是人们对于投资回报的贪求。所有"庞氏骗局"的制造者，无不向投资者承诺稳定高额的投资回报，正是这些高额回报的诱惑，让越来越多的新的投资者加入这个骗局；随着新的资金源源不断地输入，他们的收益就不断得到保障，投资者对于利益的追逐也变得越来越近于疯狂，而对于风险的防范越来越麻木。第二，诈骗者制造了较为精妙的能够令其行骗成功的假象。"庞氏骗局"的方法，首先是捏造了一个看似完美的可供投资的项目，绞尽脑汁把它复杂化，让人们看不懂；成功吸引到第一批投资者后，他履行承诺给了他们高额回报，又让人们"感觉"这个项目盈利的真实存在，从而吸引到越来越多上当的人。

150　为什么投健康保险之前要体检？

王女士 2001 年 9 月购买了某保险公司 1 万元人寿保险，附加住院医疗保险 5000 元。在投保书的"目前是否生病或有不适症状"栏内填写了"无"。保险公司并未要求王女士做体检，就予以承保。到了 2002 年 6 月，她因脑溢血住院治疗，并向保险公司提出理赔申请。保险公司调查后发现王女士有高血压病史，认为其投保时故意隐瞒病症，故作出拒赔的回复。

以上案例说明，保险公司在给客户承保时会面临道德风险。道德风险就是指，投保人在购买保险时，采用隐瞒、欺骗或其他故意不实告知的手段，获取保险理赔金的一种违反社会道德和法律规范的行为。我们知道，最大诚信原则是保险活动中最基本的原则之一，就是说，保险双方必须有最大诚意，互不欺骗和隐瞒。但是，想仅靠道德去实现这一原则是不现实的，因为，不要说当时没有体检这一类约束机制了，即使像现在有这类约束机制，还会有人冒着违法风险去"赌运气"。

以上案例中王女士就属不实告知。如果保险公司没有调查到她的病史，就会面临高额理赔；而这样的事件发生多了，保险公司势必会陷入财务和法律上的困境，无法继续运转。如果保险公司要求王女士在投保前做体检，检查出了她的疾病，那么，它就可以拒绝承保。所以，承保健康保险之前要求客户做体检，可以在很大程度上避免这类道德风险事件的发生。

151 为什么可以用今天的钱买明天的商品？

首先，我们来看看平时的交易方式。假设你到批发市场上购买苹果，价格是每公斤 10 元，老板手头有现成的苹果，你支付给老板 1000 元，老板给你 100 公斤苹果，一手交钱一手交货。此时的苹果就是"现货"，钱与货物的交易是在当时就可以发生并完成的，这样的过程就是"现货交易"。

接下来，我们再看这样一种交易方式。假设你到批发市场上购买苹果，老板说现在苹果还没熟，3个月后才有；于是你与老板约定，3个月后不论当时的市场价格是多少，你都将以每公斤10元的价格向老板购买100公斤苹果。从广义上说，这里的3个月后才能供货的苹果就是"期货苹果"（未来某个时间才能交付的苹果），这样的交易过程属于"期货交易"。如果你同老板签订协约，我们平时一般叫作供货合同，因为这合同上的条款是双方自行商定的，不同的人会协商出不同的条款，因此，合同的内容并不是通用的。如果把合同上的条款（如苹果的品种、质量、数量等）标准化，再引入一定的交易机制，就形成了现代意义上的期货交易了。

简单来说，期货就是合约上所规定的未来某个特定时间到期交付的货物，合约的形成过程就是期货的形成过程，期货交易就是买、卖双方签订合约的过程。此外，每个交易过程，总是有一方是买方，另一方是卖方；你既可以是买方，也可以是卖方。

152 为什么资本会"外逃"？

2008年至2009年的金融危机时期，发达国家资金不断涌入新兴经济体。而到了2014年，随着发达国家经济复苏，资金又从新兴经济体转回到发达国家。这就是"资本外逃"。当然资本外逃还有其他很多的方式，但是不管怎样，这些资本的流向是一样的，就是从一个国家转移到另一个国家。

按照国际上比较认可的一种定义，资本外逃其实就是国内资本的"非正常"流出，即不是基于正常的贸易融资需要，或者对国外进行证券投资等经过批准的合规的资本流出。其实，不仅是这些资本，民间资本也会因为各种各样的原因而选择"外逃"。

那么，为什么这些资本选择出逃呢？通常，资本选择外逃是因为政治的动荡、经济的不稳定、制度的缺陷或者法律的漏洞等因素引发的投资者信心不足，从而致使他们转移资本到国外，以达到避险与逐利等目的。所有发展中国家都会或多或少遇到以上问题，所以，资本外逃问题在发展中国家比较严重就不难解释了。等到政治稳定了，经济转轨成功了，政策、制度漏洞填补了，资本外逃问题自然会好转，甚至得以解决。中、东欧国家在转轨过程中，由于采用了适当的改革措施使得内部很多问题得以解决，资本外逃得到有效控制，甚至出现了资本回流的现象。由此可见，对于我国来说，解决资本外逃问题的根本途径就是完善我们的经济、法律等制度，成功实现经济转轨。

153 为什么出境后就不可以使用人民币了？

每个国家（或地区）都有自己的货币，中国是央行发行的人民币，美国是美联储发行的美元，欧元区是欧洲央行发行的欧元，每一种货币只能在自己的国家和地区流通。持外国货币的人士要在我国消费，必须要把外币按照汇率兑换成人民币；同样，我国公民去国外消费也必须先将人民币兑换成外币。也许我们会觉得这换来换去的很麻烦，而且汇率还会不断变化，为什么不能全球统一使用一种货币呢？

这样做其实很难，或者说目前根本不可能做到。虽然欧洲为这种思路提供了一些实践经验，但是，欧元发行以来并未给欧盟经济带来明显改善；相反，和英国、瑞典等"欧元怀疑国"相比，欧盟失业率更高，经济发展遇到的阻力更大，致使欧盟内部国家矛盾不断，甚至对欧元的未来提出种种质疑。欧盟目前的一体化进程虽属全球最好，但它终究不是一个主权国家，统一货币政策困难重重。

一个国家有自己的货币，掌握自己的货币发行权，这是国家主权的主要象征之一。货币是人们日常交易必不可少的媒介，是国家调控宏观经济的一种很重要的工具，在国际市场上，也是一国抵御外汇市场风险的工具。货币政策工具是国家进行国内宏观经济调控的两大工具（财政政策和货币政策）之一，而目前我国致力于打造的强大的人民币体系，也是出于人民币本身安全和提升综合国力两方面考虑。所以，在当今的世界，拥有属于自己的强大货币体系对任何一国都是非常重要的。

154 为什么汉堡在美国和在中国的价格不一样？

在上海麦当劳店买一个汉堡，你要平均花费 15.60 元人民币，约折合成 2.50 美元；而在美国，你将平均花费 3.71 美元去买一个汉堡。购买力平价理论的基本假设认为，1 美元在任何一个国家都应该买到相同质量和数量的商品，或者说同质同量的商品在世界各地的价格应当是相等的。既然如此，为什么汉堡这个全球同质同量的产品，在中国和美国价格会不一样？

这里涉及经济学的一个最基本的理论——价格决定理论。一个商品的均衡价格由供给量和需求量共同决定，是供给价格和需求价格一致时的价格，也就是卖家愿意卖和买家愿意买的价格。从供给方面说，在中国，由于原材料、劳动力以及物流等成本较美国要低，进而生产汉堡的成本要比美国低，所以中国卖家出售汉堡的心理价位相对于美国卖家会低廉一些，即供给价格要低。从需求方面说，2014 年中国城镇居民的年人均收入约为 7589 美元；同年，根据美国劳工部的统计，美国的各类从业人员的平均年收入为 43017 美元。在中国，尤其是农村地区，很多人吃不起汉堡；在城市，汉堡的主要消费群体是中等收入者。因为两国收入的差距，所以3.71美元的汉堡，对于美国人来说，感觉要比中国人花费约2.50美元还要"便宜"，由此造成中国消费者较之美国消费者的心理购买价位会低一些，即需求价格低；另外，一种正常商品越便宜，它的需求量就越大，需求量的上升会导致销量的上扬，从这个角度也可以解释，为何中国汉堡的需求价格比美国要低。由于中国汉堡的供给价格和需求价格都要比美国低，所以，汉堡的价格必然要比美国的低。

155 为什么香港化妆品的价格比内地便宜？

以往很多内地人都喜欢去香港旅游。由内地一媒体主办的"香港印象"网络问卷调查结果曾显示：九成以上的受访者"最想去的旅游目的地"是香港；观光和购物是内地居民赴港旅游最主要的目的；网民们对香港"购物天堂"的印象最深。

为什么购物会成为内地游客去香港旅游的首要目的呢？难道在大陆市场经济如此活跃的情况下，还有我们在内地买不到而要去香港买的商品吗？答案是否定的，其主要原因是那时很多进口商品在香港比内地便宜很多。

香港是一个自由港，实行自由贸易政策，除了对烟，以及具裂解和动力性的燃料（汽油、柴油等）之外，不对其他进口物品征收关税。因为是免税港，香港汇集了全球各种品牌的产品，很多顶级和一线品牌的产品在香港随处都能够买到，包括化妆品、时装、皮包、钟表等。

中国内地有着关税制度，关税由海关代表国家对进出口货物进行征收，其主要目的是保护我国商品的生产和增加财政收入，因此，需要对进出口商品征收关税；而香港作为一个自由港，对很多商品免征关税，这就导致了同样是进口商品，内地经销商拿到进口商品的成本比香港经销商高。因此，香港的大部分进口商品零售价格比内地低，在港销售的化妆品也是如此。

156　为什么说保险是社会经济的"急救箱"？

我们日常生活中经常提到的"保险"，有稳妥可靠的意思，但是，在经济学中的"保险"又有怎样的含义呢？

我们来看这样一个例子：假设你拥有一件10万元的艺术品，但是你一直担心其被抢被盗，致使这件艺术品丢失或者损坏，令自己蒙受损失。针对你的担心，保险推销员提出了一个方案：你向保险公司支付100元，如果在今后的一段时间内，这件艺术品丢失或者被损坏，那么，保险公司会向你支付10万元作为赔偿；但是，如果这件艺术品没有丢失或者被损坏，保险公司不会退还你已交付的保险费。你经过权衡，认为这个方案对你有利，因为虽然自己有可能浪费100元，但是当艺术品丢失或损坏时，却不必再承受高达10万元的损失了，于是你接受这个方案，从此你再也不必像以前那么担心了。

此时，你与保险推销员就是完成了一次商业意义上的保险交易，这位推销员为你提供的服务就叫"保险"。通俗地说，保险就是投保人根据合同约定，向保险机构支付保险费，保险机构对合同约定的可能发生的事故所造成的财产损失赔付保险金的行为。

保险并没有消灭风险，而是将风险从投保人转嫁给保险公司。然而，风险是全部由保险公司承担吗？其实不然，因为，保险公司的资金来源是向被保险人收取的保险费，及利用一部分闲置保险费投入到社会再生产过程中的利润收入。这其实是一种分摊风险的行为，保险

制度只是为这样的行为搭建了一个平台，即当你不需要资金时，它们将其投入社会，促进社会经济的发展；当你需要资金时，它们补偿你的损失，使你个体的经济也能恢复正常运行。所以说，保险是社会经济的"急救箱"。

157 为什么"期权"可以买卖？

假设你到批发市场上购买 100 公斤苹果，价格是每公斤 20 元，你认为这个价格太高了；老板说，现在还不是产苹果的季节，3 个月后他能以每公斤 10 元的价格卖给你，但是，你需要交付 100 元的订金，且该订金不能包括在最终苹果交易时的付款当中；如果3个月后因为其他店的苹果价格远远低于10元，你选择不在这里买苹果了，那你交付的100元订金就归老板所有。此时，你交付的这100元订金就是你与老板之间进行的一次"期权交易"，即你用100元购买了一个在3个月后向老板以每公斤10元的价格购买100公斤苹果的权利。3个月后，你若选择行使这项权利，则你再用1000元换取100公斤苹果；若你选择放弃行使这项权利，则你将亏损100元。整个过程中，老板的义务就是当你选择行使权利的时候，他必须履行承诺卖给你苹果。

可以看出，整个过程中，你有选择买与不买的权利，而老板在你行使权利时有履行承诺的义务。所以，简言之，期权的实质就是将权利和义务分开进行定价，使期权的购买者在规定时间内对于是否进行交易，行使其权利，而亦无妨必须履行。在期权交易中，购买期权的一方称作买方，而出售期权的一方则称作卖方；买方即行使权利的义务人，而卖方则是权利的受让人。

158 为什么同样是1元钱，人民币与美元能买的东西不一样？

你可否留意过这样一种情况，在美国有时1美元可以买1件T恤衫，但在中国1元人民币只能买到1瓶矿泉水。为什么同样是1元钱，人民币与美元能买的东西不一样呢？这个问题主要由两方面原因造成：一是两国的物价水平不一致，二是两国货币本身所包含的价值量是不同的。关于第一个原因，在上文分析"为什么汉堡在美国和中国的价格不一样"这个问题的时候，已对供给价格与需求价格详尽地分析过了，这里我们主要就货币的价值量进行分析。

很久以前，国家之间的商品交易都是用黄金、白银等贵重金属作为货币的，所以往往根据它们各自的含金量来确定各自货币的价值量，同时可以确定货币之间兑换的比率，这个比率就是今天我们所说的汇率。后来随着时代的发展，进入了纸币时代，货币不再真正含有黄金而只是财富的一种代表。那如何让别人认为一个国家发行的货币是可靠的、值钱的呢？这就需要国家的信用支撑了。一个国家的信用往往与该国的政治局面、经济形势和财富的拥有量相关。如果我们简单地将一国发行的所有货币的面值等同于国家的财富价值，那么，单位货币价值＝国家财富／货币数量，而两国之间货币的汇率也就由此决定。

在当今各国的贸易往来中，各国的国际收支状况、国民收入、通货膨胀率、利率水平差异、政治局面的稳定性以及各国的汇率政策，都会使汇率处于上下浮动的状态，使得两国货币汇率难以达到 1：1，所以，人民币与美元同样 1 元钱，能买的东西就不一样了。

159 人们为什么离不开钱？

现代社会离开钱简直寸步难行。我们的衣食住行离不开钱；如果缺乏资金（钱），企业的经营、发展将难以为继，更有甚者，会导致企业的倒闭。正所谓"钱虽不是万能的，但没有钱却是万万不能的"。此处的钱则是指货币。

什么是货币？恐怕离不开钱的人们很少会深思这个问题。最朴素的观点认为，货币就是贵金属，就是财富；普遍认同的定义，则是马克思关于货币是一般等价物的定义。根据马克思的定义，货币在充当一般等价物时，有两个基本特征：第一，货币能够表现一切商品的价值；第二，货币对一切商品具有直接交换的能力。

为什么货币有如此大的神通？这与货币所行使的各种职能是密不

可分的。货币主要具有五个职能：一是价值尺度，二是流通手段，三是支付手段，四是贮藏手段，五是世界货币。价值尺度是指货币是一种基准，所有商品和劳务的价值都可以用这个基准来衡量；流通手段是指货币作为商品交换的媒介，实现商品买卖的一手交钱、一手交货；支付手段的职能是指货币被用来清偿债务或支付赋税、租金、工资等；贮藏手段是指货币退出流通领域后，可作为社会财富的一般代表被保存起来，例如我们的各类存款；世界货币是指货币在国际商品流通中发挥的一般等价物作用。在上述五种职能中，价值尺度和流通手段是最重要的职能。

正是由于货币的出现，使得人们打破了以物换物的局限，大大促进了经济的发展，方便了人们的生活。

160 为什么货币不等于现金？

我们平时用现金购买日常生活用品，以满足衣食住行的需求；我们也用现金支付水电费、学费、工资等，以保证社会生活的正常运转。在这个交易过程中，现金和货币都在其中充当了交换媒介的角色，那为什么我们却总说"货币不等于现金"呢？

我们从货币的起源和定义说起。早期人们进行物物交换的时候，往往受制于物资种类的限制，所以，必须寻找大家都能接受的交换媒介，牲畜、盐、贝壳、石头等都曾经被当作货币使用过，后来逐渐由金属取代。因为无法从自然界大量获取，同时容易储存，于是，数量稀少的金、银和冶炼困难的铜，在很长一段时间内都是主要的货币。之后，随着经济的进一步发展，使用金属货币也出现出了不便，如金属质量的测量，以及交易中出现的磨损给使用带来麻烦，于是，开始发行以国家信用为保证的纸币来作为现代的货币。我们平时所称的

"现金"就是这种货币，而且它是流通中的货币。

在广义上说，货币是对任何一种可以执行价值尺度、支付手段、完全流通和财富贮藏、世界货币等功能的物品的总称；而现金只是在流通领域发挥作用，充当交换媒介，是一种狭义的流通着的货币形式。所以，货币不等于现金，现金只是货币的一种。

161 为什么欧元取代了马克、法郎？

在记载上个世纪之前欧洲历史的文献资料和文艺作品中，我们看到或听说过诸如德国马克、法国法郎、意大利里拉等货币，可是，从2002年开始，这些货币已经成为历史，欧元取代了大部分欧洲国家原有的货币，成为欧盟统一流通的货币。那么，为什么会出现欧元呢？

欧洲虽然有很多国家，但是每个国家的面积都不大，就像一个大国所拥有的众多省份一样；所以，欧洲各国在政治、经济上的合作一直很密切。第二次世界大战以后，欧洲各国的世界地位大幅度下降。随着欧洲复兴计划的实施，1958年欧共体到1991年的欧盟的发展，各个国家在经济上合作的愿望越来越强。从经济角度出发，实行统一的欧元货币制度会给欧盟各国带来以下两大好处：

第一，对外有了抵御风险的武器。欧盟虽然是当今世界上一体化程度最高的区域集团，但是由于各国力量有限，经济动荡的时候仍然缺乏抵御能力。各国货币的汇率不一，面对经济危机的时候，浮动程度往往不同，1995年的墨西哥比索危机、1996年的日元危机，都导致欧盟经济增长的滑坡、出口下降、大量失业等问题。统一欧盟货币，将成为对抗危机最强有力的武器。

第二，对内是促进经济发展的润滑剂。欧元的使用极大地简化了货币之间的兑换手续，节省了时间，加快了商品和资金的流通速度，无形地降低了欧洲的各企业成本，增加了效率，增强了竞争实力。同时，统一欧元的使用，将不会使同样的商品、服务在不同国家表现为不同的价格，并使各国的物价、利率、投资利益的差别缩小乃至趋于一致，物价和利率水平的总体下降，居民社会消费扩大，企业投资环境改善，有利于经济的良性发展。

当然，由于财政、政治等原因，欧元的使用也带来了各国之间的发展不平衡，陷入欧洲主权债务危机的困境；欧元作为欧洲统一货币的存在仍需解决多重难题。

162 诺贝尔奖奖金是从哪里来的？

自 1901 年 12 月 10 日起，每年的这一天会分别在瑞典斯德哥尔摩和挪威首都奥斯陆举行隆重的诺贝尔奖授奖仪式，将奖章、证书、奖金等授予当年在物理、化学、生理学或医学、文学及和平（后增加经济学）领域对人类作出重大贡献的人士，至今已有 100 多年的历史。也许有人会问，诺贝尔奖奖金的资金是从哪里来的，这些资金难道不会被用完吗？

这要从诺贝尔奖的起源说起。阿尔弗雷德·伯恩哈德·诺贝尔（Alfred Bernhard Nobel, 1833—1896）是瑞典著名的化学家、甘油炸弹的发明人。他一生不仅从事理论研究，也进行科学实践，在 20 多个国家开设了约 100 家公司和工厂，积累了巨额财富。他在逝世前立下遗嘱，设立诺贝尔奖，表彰每年在各相关领域为人类作出重大贡献的人士，并将其遗产的一部分（920 万美元）作为最初的基金。1900年"诺贝尔基金会"成立，其职责就是受托保护诺贝尔遗嘱中指定的授奖机构的共同利益，同时要保持和不断增加基金的数额，以满足每年颁奖的额度。因此，基金会加大了投资的力度，从以往只投资金边债券逐渐转向股市和不动产市场；同时，瑞典和美国等国家也积极配合，免去基金会在该国投资所得的一切税收。这些都有利于基金会投资运作，并使其稳定持有充足的资金。

诺贝尔奖从成立到现在，每年的实际运作其实都是"信托"行为。所谓"信托"，就是指委托人基于对受托人的信任，将其财产权委托给受托人，由受托人按委托人的意愿，以自己的名义，对受益人的利益或者特定的目的进行管理或者处分的行为。在诺贝尔奖这个案例当中，委托人是诺贝尔，受托人是诺贝尔基金会成员，直接受益人可以说是那些获奖者；但由于诺贝尔奖对各个领域的发展所起到的积极促进作用，从广义上可以说，全人类都是诺贝尔奖的受益人。所以，诺贝尔不只是一位成功的科学家，更是伟大的科学事业的一位奠基人。

163 金融业的"赤道原则"是怎么回事？

金融机构（诸如银行）的一个非常重要的功能就是可以向企业提供贷款，对项目进行投资。但是，如果该项目的实施有可能会造成对环境或社会的不良影响的时候，银行是否能够发放贷款呢？面对一个可能破坏海水环境的工程，或者会破坏热带雨林的房地产项目，银行应不应该出资相助呢？这就是"赤道原则"要解决的问题。

"赤道原则"是金融机构向企业贷款的准则。该准则要求金融机构在为企业贷款进行项目融资投资时，要对项目综合评估其可能的环境和社会影响，并利用金融杠杆，令该项目在环境保护、社会发展方面发挥积极作用。这一准则是 2002 年 10 月，由世界银行下属的国际金融公司和荷兰银行在伦敦召开的国际商业银行会议上提出的。在实践中，"赤道原则"虽然不具备法律条文的效力，但已逐渐成为金融机构不得不遵守的行业准则，至今已经有近 60 家金融机构采用"赤道原则"，其业务遍及全球 100 多个国家，项目融资总额占全球项目融资市场总份额的 80% 以上。

"赤道原则"对于银行业来说是一个重要的里程碑，它强调了企业的社会责任，使整个银行业在评估环境与社会风险时的标准趋于统一，形成了良性循环，同时提升了整个行业的道德标准。对单个银行而言，接受"赤道原则"有利于维持好的声誉，也有利于良好的公司治理和对金融风险的科学、准确的评估；对整个社会而言，可以使环境与社会可持续发展落到实处，使金融业在促进建设和谐社会中发挥核心作用。

164 流通货币有"软"与"硬"的区别吗？

"通货"就是流通的货币，主要指国家发行的法定货币。如人民币是中国的通货，美元是美国的通货，欧元是大多数欧洲国家的通货，等等。

那何谓"硬通货"和"软通货"呢？在前面我们曾经提到，不同国家的货币之间有兑换的汇率，随着国家国际收支状况、经济发展状况、通货膨胀率以及政治局面稳定性等方面的变化，该汇率处于浮动变化的状态：有的会升值，有的会贬值。于是，人们把国际信用较好、币值稳定、汇价呈坚挺状态的货币称作"硬通货"。当一个国家的通货膨胀率低，国际收支顺差时，该国的货币就很难贬值，容易成为"硬通货"。硬通货在外汇市场上有着极高的流动性，因为硬通货货币往往不受外汇管制，同时各国也都乐于持有硬通货。相对而言，人们把币值不稳、汇价呈疲软状态的货币称作"软通货"。

货币发行过度，国际收支出现大量逆差，与其他国家货币的汇价不断下降，往往会使该货币成为软通货。例如，印度卢比、越南盾等都是软通货，它们在外汇市场上不能与他国的货币自由兑换，流通性极低。

硬通货与软通货只是相对而言，它会随着该国经济状况和金融状况的变化而变化。例如美元，在 20 世纪 50 年代是硬通货；60 年代后期和 70 年代，由于美国的高通货膨胀率，以及大量的国际收支逆差，使得美元汇价呈下降趋势，美元由硬通货变为软通货；80 年代初期以来，美国实施高利率政策和紧缩银根政策，美元汇率不断上浮，又成为国际金融市场上的硬通货。而人民币因为中国良好的经济发展势头，长期的贸易顺差以及在金融危机时的坚挺表现，也水到渠成地成为亚洲区域的硬通货。

165 为什么 Q 币也是钱？

在日常生活中，我们用现金购买商品和服务，以满足正常的生活需求。伴随着新经济的发展和网络时代的到来，以虚拟币为媒介的交易方式也迅速扩展开来。比如我们用腾讯公司的 Q 币购买 QQ 宠物，用校内豆购买网络礼物送出祝福，用网络游戏中的金币去购买装备来让自己在游戏中变得更强。网易公司的 POPO 币、百度公司的百度币等都是虚拟货币。这些虚拟币共同的运营模式是，先通过现金、网络银行或者购买充值卡等支付模式，按一定比例与人民币进行兑换，而后再用一定数量的虚拟币去"购买"该公司的特定服务。那么，这种虚拟币是货币吗？

有人认为虚拟币是一种货币，因为在网络的虚拟世界里，它与我们平日所用的钱有着同样的功能：网络公司用虚拟币对商品进行标价，我们用虚拟币购买公司提供的特殊商品和服务；在网络游戏中，我们也可以出售自己的物品获得虚拟币，并可将这些虚拟币储藏起来，购买自己心仪的装备等。所以，从货币是一种具有一般等价物性质的交换媒介角度来看，虚拟币是一种货币。

也有人认为虚拟币不是货币，因为虚拟币每一项功能的执行，都需要以与人民币兑换作为基础，所以距离"货币"的定义相去甚远。它所具有的一般等价物特性不具备普遍性，所以，只是一种特殊的商品而已。

当然，不论虚拟币是否为货币，它的出现让许多网络运营商能更便捷地给用户提供个性化的网络服务，同时促进企业自身的发展；而我们也获得了更加多姿多彩、有滋有味的网络生活。

166　小钱如何撬动大钱？

我们小时候应该都玩过跷跷板，当你和一个比你重的朋友一起玩这个游戏的时候，你坐在跷跷板一边的顶头，他坐在另一边较为靠近中间的部分，你虽然比他轻很多却依旧可以使他翘起，一起享受游戏的乐趣。阿基米德曾说："假如给我一个支点，我可以撬动整个地球。"中国也有一俗语叫"四两拨千斤"。这些描述都很自然地让我们联想到物理上的"杠杆原理"，即在满足特定物理条件的情况下，质量较轻的物体可以撬动质量较重的物体。

在现实社会中，不乏这种通过"金融杠杆"，用少量的资金撬动大资金的例子：买房者通过贷款来购房，不必付清所有房款，只要交纳首付款，并在之后按月还贷，就可以提前拥有价值几十、上百万的房子；创业者可通过少量的抵押，获得大量的银行贷款加速企业的发展；外汇、黄金、期货等金融产品，都是以保证金方式运作，放大可

操纵的交易量；许多大公司的收购也是举债收购，即以较少的股本投入，融得数倍的资金，举债对企业进行收购、重组。

所谓金融杠杆，简单来说就相当于乘号。通过少量的资金保证，就可以获得大量可操控的资本，从而放大投资结果；但是，无论最终的结果是收益还是亏损，都会以一个固定的比例增加。如果金融杠杆使用不当，造成的损失是不可估量的。2007年美国金融危机就是过度使用金融杠杆的结果，致使原本只是房价这只"蝴蝶"振动了翅膀，导致一系列放大的连锁反应，演变成席卷全球的金融风暴。所以，只有适当使用金融杠杆，找准"支点"，才能真正使之造福于民。

167 为什么创业需要"天使"？

创业最需要什么？捕捉到市场机会的良好创意、强大的执行团队，以及充足的资金支持。而一个团队在创业初期，往往会因为资金供应不足而举步维艰，发展缓慢。此时，如果能有人向这些团队注入资金的话，那么，这些赞助者就能像"天使"一样，帮助创业者实现其理想到现实的转变。这些赞助者就被称为"天使投资人"。

天使投资人最早是指纽约百老汇一些出资资助具有社会意义的演出剧目的富人，后来被引申为对新兴企业进行早期投资的投资者。他们可以是机构，也可以是个人；他们自发对具有巨大发展潜力的初创企业进行早期的直接投资。天使投资人本身可能是企业家，也可能是愿意投资新兴企业的各种社会人士。他们不仅可以带来充足的资金，而且还会带来人脉。他们往往积极参与被投企业的战略决策和设计，为企业提供咨询服务，利用其丰富的经验和良好的声誉，为企业带来长足发展的支持。

168 为什么金融危机有"多米诺骨牌效应"?

有这样一个很有意思的小游戏:将很多枚骨牌按一定间距排列成行,然后轻轻碰倒第一枚骨牌,其余的骨牌就会产生连锁反应,一枚枚依次倒下,直到最后一枚。这就是著名的多米诺骨牌游戏。在这个游戏中,存在着一个相互关联的系统,最初一张牌倒下时所产生的一个很小的初始能量,随着势能和动能不断向后转移,从而产生巨大的能量,这就是"多米诺骨牌效应"。

"多米诺骨牌效应"无处不在,在金融危机中也存在着这种效应。金融系统是有关资金的流动、集中和分配的一个关联性很强的体系,它是由连接资金盈余者和资金短缺者的一系列金融中介机构和金融市场共同构成的一个有机体。在金融系统中,只要发生一个小的危机,就很有可能导致金融市场发生巨大的震荡,以致于发生金融危机。最近的一次金融危机中的"多米诺骨牌效应",是 2008 年全球金融危机的爆发,它始于美国次贷危机,以空前的规模迅速蔓延,最后引发了一场全球性的金融危机,导致世界经济,尤其是欧美发达国家经济走向疲软。

169 为什么经济不景气时会产生"口红效应"?

当你口袋中揣着 20 元钱的时候,肚子饿了,可以买一个大汉堡和一瓶汽水,美美地享用一顿;但是,如果你只有 10 元钱,那你只能选择一些较廉价的食物去填饱肚子,这个道理显而易见。每当经济不景气时,收入下降,人们对于高档昂贵的商品消费意愿下降,就会转向购买消费低档廉价的商品,致使廉价品销量上升,市场逆势火爆。

那么,为什么经济不景气时口红的销量会上升呢?在 20 世纪 30

年代经济大萧条时期，失业严重，人们收入下降，爱美的女士认为，口红是低廉的化妆品，购买口红不仅能满足消费的欲望，支出也不大，于是那个年代口红的销量大幅上升。这就是著名的"口红效应"。后来人们用"口红"泛指一切在经济不景气时销量逆势增长的廉价商品或服务。

2008 年全球金融危机的到来，也促成了"口红"商品销量上升的局面。法国欧莱雅化妆品，在 2008 年上半年就逆势获得了 5.3% 的销售额增长业绩，其他如德国拜尔斯多尔夫股份公司和日本资生堂等都获得了销量增长。而在我国，"口红效应"表现更明显的行业是电影行业，在 2008 年，我国电影票房收入首次进入全球前十名，达到 43.41 亿元，较 2007 年增长 30.48%；制作成本高达数千万的《非诚勿扰》、《梅兰芳》、《叶问》等影片都在上映后数日内票房过亿。这是因为金融危机压力下的人们无心旅游、吃大餐、购买奢侈品，而倾向于看电影。因为看电影轻松，容易打发时间，而且票价相对便宜。

170 股票指数是怎样计算出来的？

如果你经常看新闻，对这样的报道肯定不会陌生：今天上证综合指数报收 2774.57 点，跌 83.89 点，跌幅 2.93%，成交金额 1126 亿元；深成指报收 11742.19 点，跌 418.84 点，跌幅 3.44%，成交金额 745 亿元。当然，你也会听到关于个别股票的价格及其涨跌幅情况。为什么单个股票是按照价格来标的，而整个股票市场的行情却用指数来表示呢？

股票指数也称股票价格指数，是证券交易所或金融机构为了方便投资者了解市场行情所编制的，反映股票市场上各种股票的价格水平及其变化的指标。比较具有影响力的指数包括：美国的道琼斯工业指数、标准普尔综合指数和纳斯达克综合指数，德国的法兰克福指数，伦敦的金融时报指数，日本东京的日经指数，以及香港的恒生指数等。我国的股票指数有上海证券交易所的上证综合指数和深圳证券交易所的深圳成分指数。

通常股票指数的计算方法，是将报告期的股票价格与所定的基期的股票价格相比，将两者的比值乘以基期的指数值，即为该报告期的股票指数。其常用的计算方法有三种：平均法、综合法、加权法。我国上证综合指数是采用加权法计算，以 1990 年 12 月 19 日为基日，以该日所有股票的市价总值为基期，基期指数定为 100 点，自 1991 年 7 月 15 日起正式发布。其计算公式为：报告期指数 =（报告期成分股的总市值 / 基期成份股的总市值）× 基期指数。其中，总市值 = Σ（股票价格 × 发行股数）。

171 为什么股票暴跌日总是用黑色来形容？

1929 年 10 月 29 日，星期二，美国纽约证券交易所中所有的人都纷纷抛售自己的股票，道琼斯指数一泻千里，股指从之前的 386 点最高点下跌到 298 点，跌幅达 22%，成千上万的美国人眼睁睁地看着他们的投资在一天内瞬间蒸发。这是美国证券史上最黑暗的一天。从这一天起，美国乃至全球进入了长达 10 年的经济大萧条时期，这一事件被视为大萧条时期开始的标志性事件，那一天被称为"黑色星期二"。1987 年 10 月 19 日，星期一，全球股市受到纽约股市在前一个星期五大幅下跌的影响而全面下泻，由香港股市开始到亚太地区股市，效应就像多米诺骨牌一样，随各时区陆续开市扩展至欧洲股票市场，并最终回到纽约股市。道琼斯工业平均指数在这一天下跌了 508 点，跌幅超过 20%，并因此引发金融市场恐慌，以及随之而来的 20 世纪 80 年代末的经济衰退。这一天也被称为"黑色星期一"。

为什么股票暴跌日总是用黑色来形容呢？在西方文化中，数字13和星期五都是不吉利的，"黑色"一词一般代表贬义，表示凄惨、悲伤、忧愁、黑暗，所以当星期五与13日为同一天时，西方人称之为"黑色星期五"，表示这一天为超级不幸的一天。当股票市场出现暴跌时，股指会大幅下挫，投资者的资产大幅缩水，便成为金融市场中黑暗的一天。这对金融市场有着重大的影响，甚至会由此引发金融危机或者经济危机，所以，股票暴跌日总是用黑色来形容。

172 为什么富人曾喜欢把钱存到瑞士银行？

有一个非常著名的幽默故事：一位富翁携带着一大袋现金走进一家瑞士银行，要求开一个存款账户。银行柜台工作人员问他："先生，请问你要存多少？"那位富翁环顾四周，小心翼翼地对他说："500万美元。"银行工作人员大声对富翁说："先生，不要不好意思，虽然瑞士很富裕，但贫穷不是你的过错。"虽然这则幽默故事存在着夸张的成分，但它多少说明了瑞士这个国家的富裕程度和瑞士银行的地位。

人们以往为什么喜欢把钱存到瑞士银行呢？尤其是世界上各个国家的政要和商业巨子。其最主要的原因有两个：一是其信用度高，有完备的保密制度。1934年瑞士制定了西方第一部银行法——《银行保密法》，成为瑞士银行的立业之本。因为恪守"沉默是金"、"为客户保密"的原则，曾经使瑞士银行成为全球最令人信赖的银行，各国政要、商界巨子和演艺明星们，纷纷将自己的存款存在瑞士的各个银行。二是其安全度高，瑞士作为世界上的中立国，储户存在瑞士银行中的钱，不会因为世界政局动乱而受到威胁，所以，瑞士曾集中了全球个人资产的75%。

然而，也正是由于其严格的保密制度，瑞士银行涉嫌帮助客户逃税而面临国际社会的压力。2014年，瑞士承诺"将自动向其他国家交出外国人账户详细资料"，这也就意味着"为逃税而滥用银行保密的时代"的结束，瑞士银行的保密制度走到了尽头。

173 为什么"华尔街"是国际金融中心的代名词？

你一定听说过"华尔街"；或者看过好莱坞经典电影《华尔街》；或者知道有一份很著名的报纸——《华尔街日报》，因而我们对"华尔街"这一词并不陌生，知道它是世界金融中心的代名词。上海浦东的陆家嘴地区是中国唯一以"金融贸易"命名的国家级开发区，这里有许多外资银行和外资金融机构的中国总部，陆家嘴的金融中心地位使它得到"中国的华尔街"之称。

华尔街（Wall Street）位于美国纽约市曼哈顿区南部，从百老汇路延伸到东河，全长三分之一英里（约500米），宽仅11米。然而，这条不长的街道，却是纽约证券交易所（NYSE），摩根士丹利、高盛等知名投资银行，联邦储备银行等著名金融机构的所在地，更是美国和世界的金融中心和证券交易中心。华尔街推动了美国的发展，使其从一个原始而单一的经济体成长为一个强大而复杂的经济体。在美国经济发展中，以华尔街为代表的资本市场和金融机构都扮演着非常重要的角色，它们为美国经济的发展提供了货币支持，推动实现资源的优化配置；随着美国经济的发展，华尔街也成长为全球金融的中心，从而成为国际金融中心的代名词。

174 为什么金融危机时期黄金价格会上涨？

2007－2013年，我国出现了黄金热，许多人把黄金作为投资工具，黄金价格在由美国次贷危机导致的全球金融危机中大涨，使得黄金越来越受到投资者青睐。2007 年 8 月，各国中央银行开始意识到次贷危机将导致金融危机爆发的严重性，此时国际黄金价格已随着危机的扩大而逐步上涨，由 2006 年 7 月 17 日因为预期加息形成的高点 676.35 美元 / 盎司，到 2011 年 4 月 20 日，国际现货黄金价格突破 1500 美元大关，收报为 1502.55 美元 / 盎司。

为什么黄金价格在短短几年内大幅上涨呢？

黄金从 3000 多年前起就成为交易的媒介，因为它具有其他很多金属所不具有的货币属性，使得它具有保值功能。1717 年英国建立金本位制度，成为货币制度的基础；至 19 世纪末期，欧洲许多国家已广泛实行金本位制度。第二次世界大战结束后，世界各国于 1944 年建立了布林顿森林体系，黄金价格与美元挂钩，黄金作为美元的准备金。虽然布林顿森林体系于 1971 年解体，但是黄金依然是最好的硬通货。

一个国家的黄金储备一向被中央银行用作平衡国际收支、维持或影响汇率水平、稳定国民经济、抑制国内通胀、提高国际资信的重要手段。而对于普通投资者，投资黄金主要是在通货膨胀情况下达到资产保值的目的。在经济不景气的态势下，由于黄金相较于货币资产更为保险，导致对黄金的需求上升，金价上涨。

175　为什么金融体系中"信用比黄金更重要"？

2007 年 8 月，美国次贷危机越演越烈，金融风暴迅速蔓延，由此导致的金融危机席卷全球。西方各个经济大国急切希望通过采取一些有效的措施来遏制其对实体经济的影响；但是事与愿违，实体经济依然受到金融危机的冲击，各国经济陷入停滞。中国经济虽然也受到金融风暴的冲击，但政府在危机中挺身而出，在中国经济自身运行良好的基础上，采取了积极的应对措施。2008 年 9 月 24 日下午，时任中国国务院总理温家宝在纽约与美国金融界人士举行座谈会，在阐释中国经济政策时，他用斩钉截铁的声音说："信用比黄金和货币更重要。"

金融系统具有其内在的脆弱性，这是金融部门与生俱来的一种特性，这种性质又会很容易因为信息不对称和资产价格的波动而引起联动效应。同时，随着全球经济一体化进程的发展，金融创新制度的实行，金融走向全球化和自由化，使金融机构和投资者获得了更多的投资渠道和选择的自由，这增加了其冒险的机会，也增大了金融系统的脆弱性。在金融体系脆弱性无法避免的情况下，信用活动显得非常重要。金融业作为经济的核心部门，把市场经济中的各个分散的主体联系在一起，尤其是将信用活动和货币活动日益紧密联系起来。金融运作过程在时间上和空间上的分离，使信用成为维持金融各部门稳定的基础；如果没有了信用，那么整个金融脆弱性就会日益暴露出来，金融风险就会加剧，甚至会导致金融危机的爆发。所以，金融体系中信用比黄金更重要。

176　二氧化碳排放权可以成为金融产品吗？

以前上化学课，老师是这样来给学生介绍二氧化碳的：二氧化碳是空气中常见的化合物，在常温下是一种无色无味的气体，密度比空气略大，能溶于水，在高压下可生成碳酸，其主要作用是灭火。固态二氧化碳俗称"干冰"，常用于冷藏运输。

当年在化学课堂上的师生们也许想不到，就是这样一种气体，后来越来越受到人们的关注，这是因为它是造成温室效应的主要根源。

二氧化碳作为主要温室气体，其过量的排放容易对气候系统造成危害，导致全球气候变暖，这给人类经济和社会带来很多不利影响。鉴于温室效应越来越严重，1992 年，150 多个国家制定了《联合国气候变化框架公约》，旨在通过减少二氧化碳等温室气体的排放，解决气候变化问题。1997 年，149 个国家和地区的代表通过了旨在限制发达国家温室气体排放量，以抑制全球变暖的《京都议定书》。

在《京都议定书》的框架之下，国际排放贸易机制（IET）、清洁发展机制（CDM）和联合履行机制（JI）协同作用，帮助各个缔约国以灵活的方式完成减排目标。从经济角度出发，它催生出一个以二氧化碳排放权为主的碳交易市场。自 2004 年起，全球以二氧化碳排放权为标的的交易总额，从最初的不到 10 亿美元增长到 2007 年的 600 亿美元，4 年时间增长了 60 倍。交易量也由 1000 万吨迅速攀升至 27 亿吨。按照目前的发展速度，不久的将来，碳交易将发展成为全球规模最大的商品交易市场。所以，二氧化碳已经成为金融产品的一种。

177 货币学派的创始人是谁？

货币学派是 20 世纪 50—60 年代在美国出现的一个经济学流派，亦称"货币主义"，其创始人为美国芝加哥大学教授米尔顿·弗里德曼（Milton Friedman, 1912—2006）。货币学派在理论上和政策主张方面，强调货币供应量的变动是经济活动和物价水平发生变动的根本的和起支配作用的原因，当代美国经济学家卡尔·布鲁纳（Karl Bruner, 1916—1989）于 1968 年使用"货币主义"一词来表达这一流派的基本特点，此后被广泛用于西方经济学文献之中。

上世纪 50 年代以后，弗里德曼一直是凯恩斯经济干涉主义的主要反对者。他鼓吹"自由市场经济"，批评政府过度干预市场。但弗里德曼并不主张无政府主义，他所提倡的是从国家积极干预经济的道路上转变方向，政府只应扮演规章制度的制定者和仲裁人的角色，只应在反对技术垄断和克服市场的不完全性等方面发挥作用。

在经济学方法论上，弗里德曼赞同并宣扬实证经济学。他认为实证经济学在原则上不依从于任何特别的伦理观念或规范性的判断，它是类似于任何一种自然科学的客观的科学，它的最终目的是创立一种能对现象提出正确的、有意义的、预测的理论或假说。在实证经济学方法论的指导下，弗里德曼明确地提出"恒久性收入假说"，用于考察货币数量变动与名义国民收入水平之间的关系。此外，弗里德曼还提出"自然失业率"假说，试图解释通货膨胀与失业并存问题。由于在"消费的分析与在货币的历史与理论等方面的成就，以及他论证了稳定经济政策的复杂性"，1976 年，弗里德曼获诺贝尔经济学奖。

弗里德曼一生著述颇丰，主要代表作有：《实证经济学论文集》、《消费函数理论》、《资本主义与自由》、《自由选择》、《自由价格》，以及《美国货币史：1867－1960 年》。他的理论成为自由意志主义的主要经济根据之一，对 20 世纪 80 年代里根总统任上的美国，以及许多其他国家的经济政策都有极大影响。

178 从哪本书里可以较为全面地获得货币金融知识？

新闻中时常报道，中央银行决定分别提高存贷款利率 0.5 个百分点……你可知道利率的提高将对贷款有何影响？如果你正好想要贷款买房，那么这个消息意味着你在将来购买住房的能力是提高还是降低？由美国经济学家弗雷德里克·S. 米什金（Frederic S. Mishkin,

1951— ）主编的《货币金融学》将为你解答这些问题，作者在书中娓娓道来，他对货币、银行、金融市场的研究可以帮助你理解很多货币金融的知识。

《货币金融学》是货币银行学领域的一本经典著作，自十几年前引入中国以来，一直畅销不衰。随着经济现象的变化，该书不断增加新的内容，在目前最新版本（第十版）中，增加了对美国次贷危机的讲述，关于次贷危机的内容穿插于各章节，实用性、趣味性极强。尽管每一次新的版本都会对旧版本的内容有所改动，但每一版均保留了其作为最畅销货币银行学教材的基本优点，即建立一个统一的分析框架，用基本经济学理论帮助学生理解金融市场结构、外汇市场、金融机构管理，以及货币政策在经济中的作用等问题。作者用经济学理论解析货币现象，使用了大量生动有趣的例子以及丰富的经济史料，使得读者在阅读例子和分析经济史料的过程中，了解货币金融知识。

该书作者米什金教授曾在哥伦比亚大学研究生学院从事银行和金融机构的研究。他主要的研究领域为货币政策及货币政策对金融市场和总体经济的影响。他著述颇丰，先后出版了十几本书，并常在《美国经济评论》、《政治经济学杂志》、《经济学季刊》、《金融杂志》、《货币经济学杂志》等学术刊物上发表学术论文。

179 为什么信用卡、储蓄卡、代币券可以用来付款？

人们在餐馆就餐，到超市购物，通常会使用银行卡或者信用卡付账；中秋节前夕，人们会用代币券，如月饼提货券去购买月饼，诸如此类的例子很多。显然，这些卡（券）并不是现金，但为什么可以用来付款呢？

上述的购买行为都涉及准货币的概念。准货币，又叫亚货币或近似货币，即没有纳入传统货币范畴之中，但在现实中已经具有价值尺度，成为流通手段、支付手段的媒介。准货币是以一定的价值为基础，或者以现有货币作为行使流通和支付手段职能的基础，虽不能直接用于流通，但可以随时转换成通货。因而，虽然准货币不是真正意义上的货币，但因为准货币非常容易变现，买卖的交易成本非常低，且其价格具有稳定性和可预计性，因而具有很高的流动性。

正因为准货币可随时转化为现实的货币，故对货币流通有很大影响。换句话说，准货币是一种潜在购买力，可以表现为不同的载体，主要由企业定期存款、居民储蓄存款，以及各种短期信用流通工具等构成，如国库券储蓄存单、外汇券、侨汇券、金融卡、支票存款等。

随着金融发展和金融创新，准货币又具有了新的发展方向。一是成为人们日益青睐的收藏品，如外汇券、侨汇券、军用代金券等；二是成为新的投资品种，如准货币市场的一些基金品种，日益成为人们新的投资选择。

180 为什么我们的生活离不开金融机构？

人们的生活与金融机构的关系日益紧密。例如，人们经常到银行办理各种存取、贷款、还贷等业务，越来越多的投资者通过证券公司购买股票……这里的银行和证券交易所均为金融机构。

我国的金融机构，按地位和功能可分为四大类。第一类是中央银行，即中国人民银行。第二类是银行，包括政策性银行和商业银行。政策性银行一般指由政府设立，以贯彻国家产业政策、区域发展政策为目的的，不以盈利为主要经营目标的金融企业；与此相对应的是商业银行，则是以经营存、贷款，办理转账结算为主要业务，且以盈利为主要经营目标的金融企业，能够吸收活期存款、赚取存、贷利差是其最显著的特征。第三类是非银行金融机构，主要包括国有及股份制的保险公司、城市信用合作社、证券公司、投资银行，以及财务公司等。第四类是在境内开办的华侨、侨资、中外合资金融机构。以上各种金融机构相互补充，构成了一个完整的金融机构体系。

很显然，金融机构并不制造生产商品，也不运送和分配商品，那为什么我们仍然需要它们呢？因为它们能执行其他重要的职能。有些金融机构为经济社会中的其他参与者结算支付，从而便于劳动分工。其他的金融机构，诸如房地产公司和证券经纪商，则可以为潜在购买者和出售者牵线搭桥。

181　为什么每个国家都设有中央银行？

中央银行是"国家的银行"、"银行的银行"，是由一个国家的中央政府组建的最高等级的银行。它的职责很多，并且十分重要。首先是负责控制一个国家货币的发行量和流通量，简单地说，就是印钞票。一个国家生产出多少产品，就需要相应的货币去购买，如果货币发行量超过流通中的商品价值，就会出现货币贬值，因而，中央银行对货币发行量的控制十分重要。同时，当货币流通量过大时，就会出现持续物价上涨，这是大多数人所不愿意看到的，中央银行会通过提高利息，引导流动资金流向银行，从而减少流通中的货币量，抑制通货膨胀；相反，当经济衰退时，中央银行会通过降低利息引导资金流向经济实体，从而增加流通中的货币量，刺激消费、扩大内需，以减缓经济衰退。

此外，中央银行是国家货币政策的制定者和执行者，也是政府干预经济的工具。同时，它为国家提供金融服务，代理国库，代理发行政府债券；为政府筹集资金，监管金融体系；代表政府参加国际金融组织和各种国际金融活动，等等。中国人民银行（简称央行或人行）于 1948 年 12 月 1 日建立，是我国的中央银行。根据《中华人民共和国中国人民银行法》的规定，中国人民银行"在国务院的领导下依法独立制定和执行货币政策，履行职责，开展业务，不受地方政府、各级政府部门、社会团体和个人的干涉"。中国人民银行总行位于北京，2005 年 8 月 10 日，在上海设立中国人民银行上海总部。

182　为什么政府可以通过中央银行的货币政策来调控经济？

一个国家的国民经济很难保证一直欣欣向荣、良性发展，间隔性地出现繁荣和衰退是常见现象。经济过度繁荣或衰退，都会对一国的国民福利造成不小的损害：经济过度繁荣时，往往伴随的是高通货膨胀，物价飞速上涨，人民苦不堪言；经济衰退时，又常常伴随着大量企业倒闭和大量工人失业。为了减少这类损失，政府往往采取各种经济政策来将经济风险尽可能降低。

货币政策是政府常用的调控经济手段之一，它是政府通过银行体系调控货币供给量来调节总需求的经济政策。一个完整的货币政策体系包括货币政策目标体系、工具体系、传导机制和政策效果四大部分。

公开市场业务、再贴现率、存款准备金率是政府通常使用的三大政策工具。此外，有时还会采用某些选择性货币政策工具，如消费信用控制、信贷配给、道义劝告、窗口指导等。例如，在经济过热时，央行可以通过提高利率和存款准备金率，减少货币供给，抑制投资和消费，这就是所谓的紧缩性货币政策。反之，在经济萧条时，可以通过降低利率来刺激投资和消费，降低存款准备金率增加货币供给。这类政策称为扩张性货币政策。

概括地讲，各国政府可以通过央行实施货币政策，达到稳定物价、促进就业、经济增长和实现国际收支平衡的目标。

183 为什么商业银行要在中央银行存款？

人们为了未来消费或财富保值，会将闲置的现金存入银行；而吸收存款的商业银行也需要在中央银行存款，这就涉及银行存款准备金问题。商业银行需要缴存存款准备金起因于美国大萧条的爆发。在1930—1933年的大萧条期间，美国出现大量银行倒闭现象，这促使美国联邦存款保险公司于1934年开业。现在几乎各国都规定银行需要缴存存款准备金。

存款准备金是金融机构为了保障客户提取存款和资金清算的需要而准备的存放在中央银行的存款，是中央银行控制金融机构信贷扩张的重要手段。一般分为两类：一类是法定存款准备金，是金融机构按照中央银行规定、按存款一定比率存放的准备金；另一类是超额存款准备金，即金融机构超出法定部分所存放的准备金，可以用于支付清算和头寸调拨等，该比率每个银行都会有所不同。

实行存款准备金的目的是为了确保商业银行在遇到突然大量提取银行存款时，能有相当充足的清偿能力。自20世纪30年代以后，存款准备金制度还成为国家调节经济的重要手段，是中央银行对商业银行的信贷规模进行控制的一种制度。中央银行控制的商业银行的准备金的多少和准备率的高低，影响着银行的信贷规模。这个制度规定，商业银行不能将吸收的存款全部放贷出去，必须按一定的比例，或以存款形式存放在中央银行，或以库存现金形式自己保存。

184 购买住房时可以到哪儿借款？

自我国住房分配制度改革以来，住房问题成为人们的热门话题，"买房了吗"常是朋友见面时的问候语。动辄上百万、数百万的购房款，对于普通的购买者来讲是一笔巨款。因而，要想买到自己心仪的房子，实现自己的住房梦，自然离不开住房贷款，而为我们提供住房贷款的通常是商业银行。

商业银行是以经营存、贷款为主要业务，并以获取利润为目的的货币经营企业。商业银行的概念包括三个要点：一是一个信用授受的中介机构，二是以获取利润为目的的企业，三是唯一能提供银行活期存款的金融组织。

由于商业银行经营业务的特殊性，它具有五个基本职能：一是信用中介职能，即充当最终的借款人和贷款人；二是支付中介职能，即代理客户支付，充当客户的货币保管者、出纳和支付代理人；三是信用创造功能，即在支票流动和转账结算的基础上，商业银行通过把自己的负债作为货币来流通，具有信用创造功能；四是金融服务职能，即为客户提供信息咨询服务；五是调节经济职能，即商业银行通过其信用中介活动，调剂社会各部门的资金短缺，同时在央行货币政策和其他国家宏观政策的指引下，实现经济结构、消费投资比例、产业结构等方面的调整。

商业银行因其广泛的职能，使得它对整个社会经济活动的影响十分显著，在整个金融体系乃至国民经济中居于特殊而重要的地位。随着市场经济的发展和全球经济的一体化发展，现在的商业银行已经凸显出职能多元化的发展趋势。

185 为什么有些国家活期存款没有利息？

虽然我国的商业银行为活期存款支付利息低于1%，但仍然有大量的货币存款结余，这与活期存款给人们生活带来的便利性是息息相关的。活期存款是指无须任何事先通知，储户即可随时存取和转让的一种银行存款。活期存款的形式多样，有支票存款账户、保付支票、本票、旅行支票和信用证等。活期存款具有通存通兑、支取灵活和缴费方便等三大优势，因此，活期存款对追求生活便利的人具有极大的吸引力。

但是，由于活期存款存取频繁，所费成本较高，通常情况下银行为活期存款支付的利息很低；西方国家商业银行一般都不为活期存款支付利息，有时甚至还要收取一定的手续费。但由于活期存款具有上述三大优势，使得人们习惯于开一个这样的存款账户，放置支付日常生活费用后余下的钱，却很少考虑这类账户的回报率。这可能是消费者的一种惯性储蓄倾向，即不习惯于将他们活期存款账户中余下的钱，不定期地转移到高收益存款或者其他理财账户中去，这样做会花费消费者的一些闲暇时间。因此，尽管活期存款回报率非常低，仍然有许多人选择将部分资金作为活期存款，这为商业银行提供了部分资金来源，也为商业银行派生存款创造了条件。

186 为什么人们存款常会选择不能马上提现的定期储蓄？

经常可以看到老年人将自己退休金的一部分存入银行的零存整取账户中，通常情况下，这笔钱在存期到期后才能从银行取出来。当然，如果急需用钱，只要能承受一定的利息损失，存款人也可以提前支取。零存整取是定期存款品种中的一种。

顾名思义，定期存款是指存款时间比较固定的一种存款，指存款人在保留所有权的条件下，把使用权暂时转让给银行的资金；定期存款是银行与储户双方在办理存款时事先约定期限、利率，到期后支取本息的存款；定期存款是银行最重要的信贷资金源。

定期存款的取款日是有期限规定的，储户在存款后的一个规定日期才能提取款项，或者必须在准备提款前若干天通知银行；人民币定期存款的期限可以从 3 个月到 5 年不等。定期存款主要有五种形式：整存整取、零存整取、存本取息、整存零取、定活两便。与活期存款相比，定期存款具有较强的稳定性，且营业成本较低，商业银行为此持有的存款准备金率也相应较低，因此，定期存款的资金利用率往往高于活期存款，从而银行为定期存款支付的利息也远高于活期存款。一般来说，存款期限越长，利率越高。

由于定期存款收益率远高于活期存款，且选择品种比较多，对于追求稳定收益的储蓄者和不熟悉新的投资品种的老年人来说具有较大的吸引力，也是一种安全稳定的投资方式。

187 工资中为什么需要扣除养老保险金？

小明听妈妈高兴地对爸爸说，这个月她所缴纳的养老保险金基数进行了调整，因而工资账户中每个月比以前多扣除 50 元钱。小明感到困惑，工资是个人的收入，为什么还要从中扣除养老保险金呢？如果妈妈的工资卡中每个月多扣除 50 多元，妈妈的收入会减少一部分，妈妈为何还会为此而高兴呢？

养老保险是社会保障制度的重要组成部分，是社会保险五大险种中最重要的险种之一。养老保险具有强制性、互助共济性和普遍性三大特征。实行养老保险制度，对于自身的养老和国家经济发展都具有重要意义：一是有利于保证劳动力的再生产；二是有利于社会的安全，养老保险为老年人提供了基本生活保障，使老年人老有所养，从社会心态来说，人们多了些稳定、少了些浮躁，这有利于社会的稳定；三是有利于促进经济的发展，劳动者退休后领取养老金的数额，与其在职期间的工资收入、缴费多少有直接的联系，这无疑能够对劳动者在职期间积极劳动、提高效率产生一种激励。

此外，由于养老保险涉及面广，参与人数众多，其运作中能够筹集到大量的资金，即便按规定比例投入市场，也是资本市场一笔巨大的资金来源。尤其是实行基金制的养老保险模式，个人账户中的资金累积以数十年计，使得养老保险基金规模更大，能为市场提供更多的资金。通过对规模资金的运营和利用，有利于国家对国民经济的宏观调控。

188 为什么人们离不开资本市场？

国家经济的发展与资本市场是紧密联系的。例如，政府发行债券为国家基础设施建设提供资金；上市公司通过增发股票筹集资金，用以进行新项目的研发和建设……此时的政府和上市公司，都是通过资本市场来筹集自己所需的大量资金的。

资本市场是各个国家经济发展中的重要支柱，发达经济体往往拥有强大的资本市场作支撑，美国纽约、英国伦敦和日本东京的金融市场都具有世界影响力。资本市场的存在主要有两个作用。

首先，资本市场满足了大中小企业、消费者和政府对资金的使用需求。企业在初创、资金周转、扩大规模追加投资各时期，家庭和个人在购买房产、汽车、电视机、洗衣机等大件消费品时，政府在投资高速公路等基础设施的时候，都会出现资金使用的需求。银行扮演着重要角色，一方面吸收存款，将社会上的闲置资金集中起来，另一方面将这些资金借贷给需要使用的企业、个人和政府。

其次，资本市场满足了人们的投资需求。社会上存在着大量的闲置资金，比如每个月每个家庭除日常开支以外，都会有一部分收入余留下来；企业的利润除用于扩大再生产以外，同样需寻求保值增值的途径。为此，人们往往会到资本市场进行投资，或者购买股票、期货、基金、债券等投资品，或者通过机构和专业人士投资实体经济，如特定产业、房地产项目。可见，资本市场调剂资金余缺可以称得上是实体经济的润滑剂。同时，资本市场的存在加速了资金的流动，提高了资金的使用效率，又可谓是一国经济社会发展的加速器。

189 为什么说次贷危机是2008年金融危机的罪魁祸首？

通常，一个家庭购买居住的房子，较为常见的就是支付占房款一定比例的首付，余下的向银行借贷。在美国，房贷通常使用浮动利率，经济景气时利率较高；经济衰退时，利率下降。2001年经济衰退发生后，美国住房市场利率超低，刺激了其高度繁荣，次级抵押贷款迅速发展。次级贷款是对那些信用程度较差、收入不高的家庭提供房贷，这里的"次"是与"高"、"优"相对应的，在"次贷危机"一词中，指的是信用低、还债能力弱的贷款。

由于次级按揭贷款人是零首付，在利率和还款方式上有别于信誉高者，他们享受不到"优惠利率"，通常要被迫支付更高的利息，并遵守更严格的还款方式。在利率低时，他们尚能支付利息，2001－2006

年地产市场繁荣，房价不断提高，他们预估房价增长可以防范资不抵债。为了追逐高利率回报，美国金融机构纵容次贷扩张。活跃的金融创新催生了关联的贷款打包和债券化，宽松的信贷令次级贷款规模越来越大。到了 2007 年，美国房地产市场开始降温，房价下跌、贷款利率上升，次级房贷的借款人就出现了经济困难，因为下跌后的房价比次级房贷借款人的借款还要低，继续贷款非常不划算，因此很多借款人停止还贷，让银行收回房子；而银行收回的房子没有买家，很难再出售，致使银行内部累积了大批坏账，很多银行机构被迫破产和倒闭，从而引发了次贷危机。

次贷危机的爆发严重打击了次贷债券的投资者，进一步影响了所有投资者对美国资本市场的信心，继而引发投资基金被迫关闭、股市剧烈震荡。由于全球金融市场的联动性，因此，2007 年 8 月次贷危机开始席卷美国、欧盟和日本等主要金融市场，最终波及全球经济，导致 2008 年世界范围的国际金融危机。

190　为什么商业银行需要最后贷款人？

当面临债务危机和资金困难的时候，商业银行往往处于破产边缘，容易引起银行储户的恐慌，害怕自己的存款因为银行倒闭而拿不出来，于是就会发生储户争相提现，这将在一定程度上给国家的金融市场造成负面影响。为了避免这种现象发生，最后贷款人就会站出来，在市场上公开购买困难银行的优良素质资产，或者通过贴现向困难银行提供贷款，同时收取高于市场水平的利息，为困难银行解围。通常，最后贷款人宣布对困难商业银行进行融通，可以在一定程度上缓和公众对现金短缺的恐惧，在出现银行危机时防止了恐慌的蔓延。最后贷款人的角色一般由国家的中央银行承担，其他国家机构也可以成为最后贷款人，如美国的财政部、清算中心和1907年的摩根集团都曾担任过最后贷款人的角色；加拿大的财政部和外汇管理局等也曾对出现危机的银行进行援助，成功行使最后贷款人的职能。

191　为什么有些银行不以营利为目的？

大多数银行是以营利为目的的，会贷款给能盈利的企业和项目。然而，有些公益性的项目，如养老院、希望小学、山区的公路等，它们都是非营利性的，却影响着社会上特殊人群的生活和发展，所以，国家也需要不以营利为目的的银行，我们称之为政策性银行。它们是由政府财政出资成立的，专门为政府发展经济、促进社会进步进行融资。政策性银行主要依靠发行金融债券或向中央银行举债来获取资金，一般不面向公众吸收存款。虽然主要考虑国家的整体利益、社会效益，不以营利为目标，但由于政策性银行的资金并不是财政资金，必须考虑盈亏，力争保本微利。因而在经营时，仍要坚持银行管理的基本原则，对贷款进行严格审查，贷款要还本付息、周转使用等。

1994年，我国组建了三家政策性银行，即国家开发银行、中国进出口银行、中国农业发展银行，均直属国务院领导。

192　为什么称中央银行发行的货币为基础货币？

基础货币由银行持有的货币、流通中的现金，以及银行与非银行机构在中央银行的存款等三个部分组成。基础货币具有几个非常鲜明的特征：一是基础货币是中央银行的货币性负债，是中央银行通过自身的资产业务供给出来的；二是通过由中央银行直接控制和调节的变量对基础货币的影响，达到调节和控制供给量的目的；三是基础货币是支撑商业银行负债的基础；四是在实行准备金制度下，基础货币被整个银行体系运用的结果，能产生数倍于它自身的量。基础货币是整个商业银行体系借以创造存款货币的基础，是整个商业银行体系的存款得以倍数扩张的源泉。简单地说，就是央行发行 1 元钱，就可以产生好几元在社会上流通。由于基础货币可以使一个国家经济社会中的货币总量成倍地放大或缩小，所以又被称为高能货币。通过调节货币的发行速度和发行量，中央银行就可以调节和控制整个国家的货币供应量。同时，基础货币是中央银行各政策措施与最终目标之间关系的重要中介指标之一。在现代银行体系中，中央银行对经济的调节，主要是通过控制基础货币的数量来实现的；而中央银行在使用存款准备金率、公开市场业务和再贴现率等货币政策时，都是通过影响基础货币中的准备金而发挥作用的。

193 为什么中央银行能够创造更多的流通货币？

通常情况下，中央银行发行 1 元钱的基础货币，到了现实生活中，我们使用的货币数量却远远不止 1 元钱。这实际上是中央银行发行的基础货币进行货币创造的过程，基础货币通过商业银行的创造存款货币功能，产生派生存款的作用，形成货币供给呈倍数扩张，这个倍数就是货币乘数，也叫货币扩张系数。举个例子，中央银行发行的 1 元是基础货币，在流通中变为存款存入 A 商业银行，假设 A 银行的准备金率为 10%，则可最多将剩余的 90% 即 0.90 元放贷出去，转化为 B 商业银行的存款；假设 B 商业银行准备金率也是 10%，则剩余的 0.81 元又放贷出去流入市场。以此类推下去，尽管央行只发行 1

元，但流通中的货币远不止 1 元。由此可见，货币乘数和中央银行规定的存款准备金率密切相关：存款准备金率越高，基础货币创造的货币供应量越少；存款准备金率越低，基础货币创造的货币供应量则越多。因此，基础货币发行量和存款准备金率成为央行调节货币供应量的重要工具和杠杆。

194 为什么钱存到银行可以获得利息？

人们经常会把结余的钱存入银行，而同时银行会支付给储户一定的利息。利息是货币所有者因借出货币资金而从借款者手中获得的报酬，是借贷者使用货币资金必须支付的代价。这是货币资金的特殊属性，类似"钱生钱"的道理，是一种经济租。当你把钱存入银行，实际上就是把钱借给银行一段时间，银行可以用这笔钱向那些有资金使用需求的个人或企业发放贷款。银行间接使用了你的这笔钱，理所当然地，银行要给你支付经济租，也就是利息。利息作为资金的使用价格，在市场经济运行中起着十分重要的作用，会对企业的生产、居民的投资和政府的宏观调控产生重大影响。通常中央银行会通过调整利率来增加或减少货币供给量，进而来调控一国的经济。

利息的多少与利率是息息相关的。利率是指一定时期内利息额同借贷资本总额的比率；利率是单位货币在单位时间内的利息水平，表明利息的多少。利率通常由国家的中央银行控制，在我国由中国人民银行规定各种存期存款的利率。由于货币具有时间价值，不同期限的存款也就具有不同的时间价值，因而不同期限的存款会按照不同的利率支付利息，通常情况下，存期越长，储户所获得的利率也就越高。除了存期长短会对利率产生决定性影响之外，利率还受到其他因素的影响：企业平均利润率水平越高，利率水平就越高；资金供给越充裕，利率水平就越低。名义利率水平与物价水平具有同步发展的趋势，物价变动的幅度制约着名义利率水平的高低。此外，国际经济环境和政策性因素也会极大地影响名义利率的高低。

195 为什么货币的流通速度越快，需要的货币量就越少？

运动场上，运动员们正在进行 100 米短跑比赛，速度最快的仅用了 9 秒多就跑完了全程，而速度慢的则用了 14 秒才跑完全程。这表明，当运动员速度越快时，他们跑完 100 米所用的时间就越短。

货币流通速度与货币量之间的关系，同运动员赛跑速度与所用时间之间的关系非常相似。货币流通速度是指单位货币在一定时期内的平均周转次数。例如，1 元货币 1 月内平均执行 4 次流通手段或支付手段的职能，就起了 4 元货币的作用。假设我们全社会商品价值总额为 10 万亿元，如果货币的流通速度为 5，那么流通中实际所需要的货币量就为 2 万亿元；如果货币的流通速度为 2.5，那么流通中实际所需要的货币量就为 4 万亿元。也就是说，货币流通速度越快，流通中所需要的货币量就越少，反之则越多。

货币流通速度与货币量之间的这种关系，在货币银行学中被称为货币交易数量学说。货币需求由商品的名义价格和商品交易量来共同决定，供给则是由货币供应量和货币流通速度决定。通过需求和供给的作用，交易中所需要的货币供应量取决于商品名义价格、商品交易量和货币流通速度的共同影响。如果市场中的商品数量大、价格高，自然对货币数量需求就高；如果货币在消费者之间的转手速度快，自然对其货币数量的需求量就低。所以，从定性角度看，名义价格和商品交易量对货币数量的影响是正向的；而货币流通速度对它的影响则是负向的，即货币流通速度越快，所需要的货币量就越少。

196 为什么会出现通货膨胀？

自从人类发明货币以来，通货膨胀问题就相伴而生，无论这个货币是贵重的金属，还是低成本的纸币。通货膨胀通常是指商品和劳务的物价总水平持续上涨的过程。商品的价格上涨，正是通货膨胀的一个明显特征。通货膨胀是一个持续性的过程，不是价格一次、两次的暂时性的上升；且通货膨胀是所有劳务和商品价格总水平的上升，而不是某些个别商品的单独上升。出于计算难度和获取数据的方便性考虑，经济学家通常使用消费物价指数（CPI）、批发物价指数（WPI）、GDP 平减指数（又称 GDP 缩减指数）来衡量通货膨胀情况。

一般而言，通货膨胀有三种类型：需求拉动型、成本推动型和结构型。我们这里重点介绍前面两种。一般对需求拉动型通货膨胀而言，总需求的扩大，是由居民消费需求的增加、政府支出的增加、投资需求的增加、净出口的增加等因素所致，且货币供给量的增加也会导致总需求的增加。对成本推动型通货膨胀而言，总成本的增加，往往是由工人工资的增加和生产所需原材料价格上涨所致。实际生活中，通常是需求拉动和成本推动同时出现，从而引发混合型通货膨胀。

通货膨胀会对我们的生产、生活，以及整体经济发生极大的影响。首先，通货膨胀引起的物价上涨，使价格信号失真，容易使生产者误入歧途，导致生产的盲目发展，造成国民经济的非正常发展，使产业结构和经济结构发生畸形，从而导致整个国民经济的比例失调。其次，通货膨胀导致的货币贬值，使一些收入较低的居民的生活水平不断下降，使广大的居民生活水平难以提高。再次，通货膨胀会降低本国产品的出口竞争能力，引起黄金、外汇储备外流，从而使汇率贬值。尽管通货膨胀有可能会缓解外来流动性涌入，减轻资产泡沫危机，但由于通货膨胀率过高会对宏观与微观经济产生极大的消极作用，各国都将通货膨胀作为宏观调控的首要对象。

197　什么是隐性通货膨胀？

在收看关于中国改革开放前的电影或者电视剧时，现在的年轻人可能会对某些场景感到迷惑不解，比如，人们拿着布票或者粮票在排队购买商品，剧中的人物在讨论怎样能弄到自行车票或者彩电票等。在那个年代，即使人们手里有很多现金，没有相应的购买凭证，也买不到自己心仪的产品。这些都是隐性通货膨胀的表现。

凭票购物是与当时的经济体制分不开的。1978 年之前，中国实行的是计划经济体制，当时政府希望用计划指令来控制社会的消费和生产，而作为调控工具的商品价格，却被人为地设定为一个固定的价格，它往往低于应有的市场价格。对消费者而言，商品的低价格激起了他们极大的消费需求。与此同时，厂商却难以赚取利润，甚至难以维持成本；为了企业生存，企业往往选择一个与此低价格相适应的低产量。一方面，消费者的需求巨大；另一方面，企业的供给极少。在自由的市场经济下，这两者的矛盾可以通过价格的上调来调和；但是经济的"润滑剂"——价格，那时却被人为地钉死在一个低位上不得变化。作为一种代价，消费者则不得不面对有钱却买不到商品的窘境。

表面上看，消费者似乎享受到了公平的待遇，商品价格低且固定，不用担心通货膨胀会使他们的实际财富减少；但是他们用钱却买不到东西。因此，在这种情况下，货币被一种隐蔽却真实存在的方式降低了价值，这就是所谓的隐性通货膨胀：表面上商品的价格总水平没有变化，但实际消费水准却下降了。

198 为什么 CPI 猪说了算？

2011 年以来，中国猪肉价格时而飞涨，时而下跌，网络上流行起了一句话："中国的 CPI 猪说了算！"那么，CPI 到底是什么？猪肉价格能单独决定中国的 CPI 吗？

CPI 是指居民消费价格指数，它是通过计算消费者日常所用生活物品和劳务价格水平变动而得到的指数，反映消费者购买商品和服务而付出的价格变动水平。这个指数通常是由各国政府部门根据自身国情，指定衣食住行、医疗、娱乐等领域中若干消费品的价格计算出来的。该指数只针对消费者，不考虑企业、政府等对象，且该指数计算的对象是最终的消费商品和服务的一般价格水平。

居民消费价格指数常被用来衡量通货膨胀的程度，但实际上它并不与通货膨胀程度完全一致。真实的通货膨胀应该用从一时期到另一时期商品和劳务的价格水平变动的百分比来度量计算。这种计算方法看似简单，但问题的关键在于如何快速并准确计算商品和劳务的价格总水平。对一个巨大的经济体而言，其存在的各种商品不胜枚举，各种服务难以定义并衡量，精确计算一国物价的总水平不仅难度极大，而且为之付出的成本也往往极高。

居民消费价格指数作为一种对通货膨胀程度衡量的近似替代，此时起到了很好的作用。它可以及时反映与居民生活息息相关的消费品的供给和需求情况，相关的资料和数据也比较容易收集，可以以一个较高的频率定期公布，及时反映居民生活物价水平的变化趋

势。所以说，居民消费价格指数在一定程度上能衡量一国的通货膨胀程度。由此可知，猪肉价格不能单独决定中国的 CPI。

199　什么情况下会出现通货紧缩？

与通货膨胀相对应的是通货紧缩。所谓通货紧缩，就是商品物价总水平持续下降的过程。正如物价会上涨也会下降，两者的作用原理是相同的，只是作用的方向相反。通货紧缩的主要原因同样可以归结为需求供给和成本两个方面。

一方面，当经济中总供给大于总需求时，就会产生通货紧缩。一国的居民消费需求、投资需求不足，或者货币发行量降低，都会导致社会的总供给大于总需求。当这种情况出现时，往往导致经济萧条和失业等一系列恶果。

另一方面，技术进步引起平均成本的下降，也会推动通货紧缩的出现。企业要想盈利，必须保证商品的价格高于其产品的平均成本。因此，通常而言，成本高则价格高，成本低则价格低。随着人类社会的不断进步，技术的不断创新和发展，大部分商品的平均成本都会降低，从而使商品价格也随之降低。这方面最典型的例子就是数码产品。随着新技术的不断创新和应用，数码产品由最先的高价和低普及率，变为现在的物美价廉和高普及率。

总之，通货紧缩与通货膨胀可谓孪生兄弟，两者往往先后相继出现。从商业周期的角度来说，一般经济体繁荣时往往出现通货膨胀；当繁荣过后萧条来临时，通货紧缩也随之而生。

200 为什么在古代银子可以作为货币？

我们在观看反映中国古代生活的影视剧时，总能看到人们使用银子买卖房屋和其他商品的情节，比如在《乔家大院》中，在主人公金融大亨乔致庸的钱庄里，伙计们用白银交易的繁忙景象。这就涉及国际货币的一种重要制度：银本位制。

世界历史上银本位制的出现要早于金本位制。在 15 世纪中叶到 19 世纪的欧洲，银本位制一直扮演着重要角色。然而，随着经济发展，采铸白银的劳动生产率提高，使得白银价值不断降低，金银之间比价发生大幅波动，到 19 世纪，除中国等少数国家以外，各国先后放弃了银本位制，金本位制开始走上历史舞台。

银作为货币在我国已有 2000 多年的历史，自汉代起白银就逐渐成为货币，到明代已经作为本位币，可以用于任何的交易支付。我国古人使用的白银计值标准是重量，即以白银重量单位"两"为价格标准实行银块流通，所以有"银两"这一说法。我们可以在很多历史题材的影视作品中看到，客栈里的伙计通过称重银子来给客人结算和找零。1910 年，我国颁布了《币制条例》，宣布实行银本位制，但老百姓还是习惯使用"银两"，造成了实质上"银圆"和"银两"的混用。直到 1933 年，国民政府颁布《银本位币铸造条例》，宣布废"两"改"圆"，才真正实行了银圆流通。1935 年，国民政府实行币制改革，废止了银本位制。

201 为什么在 1880—1914 年间可以用英镑自由兑换黄金？

在 1880—1914 年间，人们可以使用黄金作为货币（金币）购买商品，同时，英镑或其他货币可以自由地兑换黄金；但现在，人们不能够再用货币自由地兑换黄金，只能购买黄金饰品或者金条。这就涉及国际货币的一种重要制度——金本位制。

金本位制就是以黄金为本位币的货币制度，在 19 世纪中期开始盛行。在金本位制下，每单位的货币价值等同于若干重量的黄金；当不同国家使用金本位时，国家之间的汇率由它们各自货币的含金量之比——铸币平价（mint parity）来决定。第一次世界大战爆发前，英国实行的就是金币本位制，在流通中的货币如 1 英镑就代表了一定量的黄金，并能够兑换成黄金，通俗地讲，英镑就是黄金，黄金就是英镑。所以在 1914 年第一次世界大战爆发前，可以用 1 英镑自由地兑换 7.32238 克纯金。

但是，这种货币制度有一个"硬伤"——全世界的黄金储量是有限的，但是经济的增长却是无限的。而且，由于受当时开采技术的限制，黄金存量在各国的分配也很不平衡，这极大地削弱了金铸币流通的基础；加上1914年第一次世界大战爆发后，黄金被参战国集中用于购买军火，并停止自由输出和银行券兑现，最终导致金本位制在第一次世界大战期间的崩溃。

随着金本位制的崩溃，黄金不再充当本位币。如今各国实行的都是不兑现的信用货币制度，各国中央银行所发行的货币是不能兑换成黄金的。这也意味着黄金与我们手执的纸币之间不再有联系，黄金退出流通，不再是货币，所以我们不能再以纸币自由地兑换黄金。

202 布雷顿森林货币体系是怎么来的？

第一次世界大战结束至第二次世界大战爆发期间的20年中，金本位制已经崩溃，但新的国际货币体系尚未建立。国际货币体系分裂成几个相互竞争的货币集团，各国货币竞相贬值，呈现出一种无政府状态。历经20世纪30年代经济危机和两次世界大战，国际经济政治格局发生重大变化，经济实力从英国转移到了美国，美国成为资本主义世界新的盟主，美元的国际地位因其国际黄金储备的巨大实力而空前稳固。这就使建立一个以美元为中心，同时又有利于美国对外经济扩张的国际货币体系成为可能。

因而，在第二次世界大战结束后的1944年7月，在美国的新罕布什尔州的布雷顿森林，召开了国际金融会议，建立了一个以美元为中心的国际货币制度——美元本位制。关税总协定作为1944年布雷顿森林会议的补充，连同布雷顿森林会议通过的各项协定，统称为"布雷顿森林体系"，即以外汇自由兑换、资本的国际化和贸易自由化为主要内容的多边经济制度。

布雷顿森林体系是以美元和黄金为基础的金汇兑本位制，以美元作为最主要的国际储备货币。美元直接与黄金挂钩，各国的货币则与美元挂钩，并可按 35 美元一盎司的官价向美国兑换黄金。在布雷顿森林体系下，美元可以兑换黄金、可以和各国实行可调整的固定汇率制，这是构成这一货币体系的两大支柱；国际货币基金组织则是维持这一体系正常运转的中心机构，它有监督国际汇率、提供国际信贷、协调国际货币关系三大职能。

布雷顿森林货币体系的制度安排又被称为"双挂钩"制度，即美元与黄金挂钩，各国的货币与美元挂钩。美元成为一种关键货币，它既是美国本国的货币，又是世界各国的货币，即国际货币。

203 为什么政府的干预有时不利于金融市场机制发挥作用？

在一个家庭中，如果父母对孩子的成长过多地干预，很可能在一定程度上妨碍孩子身心的健康成长。与此类似，在一国的金融领域，特别是当一国的金融体系不健全、金融市场机制未充分发挥作用时，如果政府对金融活动进行过多的管制，在一定程度上会妨碍金融活动的顺利开展，同时，也会阻碍经济的成长和发展，形成恶性循环。

举例来说，非洲国家 A 是摆脱殖民统治后取得独立的发展中国家，其新政府对于国家主权有着强烈的控制欲望。假设其新政府规定存贷款的利率上限，其结果是：对于作为储户的老百姓来说，由于存款的利率太低，甚至低于通货膨胀率，因而不会将自己的钱存入银行了；对于作为借款者的从商者来说，借款的成本——利息很低的话，必然会刺激他们强烈的贷款需求，这会造成借大于存的状况，最终导致 A 国银行的基本的金融活动无法顺利开展。在这种情况下，我们就称 A 国存在着金融抑制。

从上述的例子中可知，金融抑制是指由于政府对金融活动和金融体系的过多干预，抑制了金融体系的发展；而金融体系的发展滞后又阻碍了经济的发展，从而造成金融抑制和经济落后的恶性循环。显然，金融抑制会对一国金融乃至经济发展产生极大的消极作用。为了促进本国金融体系的健康正常发展和经济的快速发展，政府应该尽量减少对金融的过多干预。

204 为什么银行会发生挤兑事件？

2007 年 9 月，英国的诺森罗克银行爆发了储户挤兑事件，一度引起英国金融体系的恐慌。所谓挤兑，就是指大量储户争相到银行提取现金或兑换现金的一种经济现象。但是，往往发生挤兑时，银行没有足够的现金满足提现的要求，这是为什么呢？

这是因为银行有储蓄和借贷两种主要的传统业务，其中的储蓄就是储户将钱存入银行；而借贷则是指银行将钱借给需要者。在满足央行的存款准备金（假设为 15%）要求之后，银行会将一部分的存款，假设为 30% 向外贷出，所剩下大约 55% 的资金就存入银行的金库中，用于银行的日常业务如取现、转账等。为什么大约 55% 的资金就可以满足取现等日常业务需要呢？这主要是因为：其一，银行根据历史记录的数值能够大致掌握储户所需要的日常资金量。因为在平时，当整个国家的银行体系稳健时，储户是不会都涌到银行去取现的。其二，即使日常银行的自有资金一时不能满足储户的取现要求，通过银行之间的隔夜拆借和同业拆借，资金不足的问题是可以缓解的。

但是，当储户对银行的信用发生动摇，如面临金融危机，认为银行有倒闭的风险时，由于恐慌，很多储户都会到银行取现；同时，其他的银行为防范风险也不愿以拆借来帮助被挤兑银行，这时，发生挤兑事件的银行，自然就没有足够的现金满足储户的取现要求了。

205 为什么金融危机会导致经济衰退？

2008 年，美国发生金融风暴，这场危机随着百年老店雷曼兄弟投资银行的破产而迅速扩大，最终波及全球。当时的美国，出现了美元贬值、美国经济增长减缓和失业率增加的现象。出现这些现象的原因是什么呢？

当金融危机来袭，人们的投资信心下降，美国股市和楼市大跌，人们的资金和资产大量蒸发，导致整个经济中，特别是金融体系内没有足够的货币进行交易。于是，首先，银行就会减少借贷，使得需要资金的实体企业无法开工和扩大再生产；其次，老百姓减少商品的购买，使得实体企业的产品销售不出去，无法回笼资金。由此带来的结果是：大量企业关门，失业率增加，经济增长乏力甚至衰退。

此时，作为央行的美联储不会坐视不管，它会通过购买美国国债来向市场注入大量的美元。我们知道，当一种货币的供应大量增加并超过了需求时，这种货币价格就会下降，美元也不例外。同时，国际上对美国经济前景信心不足，预测美元汇率会下跌，就会大量地抛售美元，也会导致美元的对外贬值。

国 际 贸 易 理 论

206　为什么发达国家也会从发展中国家进口商品？

18世纪下半叶以来，英国工业革命使得英国成为第一个"世界工厂"，之后，美国、日本、中国都相继成为"世界工厂"、"世界制造中心"。每一次"世界制造中心"的转移，都有其内在的原因，最重要的一点，就是比较优势。所谓比较优势，就是指一个国家在本国生产某种产品的机会成本，低于在其他国家生产该产品的机会成本，因而在生产该种产品上所拥有的优势。

当开发一种新产品时，需要技术创新或制度创新，这必须要投入大量的资金进行研发，而发达国家的劳动力成本十分高，使得新产品的成本非常高。由于发展中国家没有此类产品，发达国家通过出口，可以获得最大收益。生活中，我们可以发现这样的现象：如果发展中国家的企业不能生产某种产品，发达国家企业的产品价格就会远高于合理水平。受自身技术水平的限制，发展中国家只能接受这一高价，让其赚取高额利润。然而，一旦发展中国家的企业引进了这一技术，实现了该产品的产业化，由于其劳动力成本低廉，也无需投入过多的研发费用，因此价格会很低；此时，发达国家企业的这一产品开始大幅度降价，同时开始向市场输入新产品，继续赚取高额利润。而产业化了的产品的利润已经相当低，发达国家在低成本制造方面没有竞争优势，如自己生产此类产品，其成本要高于从发展中国家进口该产品的成本，于是他们会选择用进口的方式获得产品。

207　为什么在人工成本很高的瑞士，劳动密集型的手工钟表业仍然非常发达？

提起名表，可能大部分人第一联想到的国家就是瑞士。的确，全世界最顶尖的手表都出自瑞士，名表已经成为它的象征之一。瑞士手表的工艺、精度都使瑞士人感到骄傲。今天，在瑞士从事手工钟表生产的工人约占全部工人的十分之一。瑞士的人工成本非常高，为什么劳动密集型的手工钟表业依然如此发达呢？

首先，由于瑞士是一个多山而矿产、能源资源贫乏的国家，其工业发展必然趋向于占地少、耗费原料和燃料少而又需要大量熟练劳动力的精密制造业。瑞士钟表业已有几百年的传统，它的成功更在于瑞士过硬的品牌，及其对科研、设计、技能培训和售后服务的巨额资金投入，技术的不断创新和产品的不断开发令其保持着技术上的优势。

其次，在国际贸易的条件下，国家之间产生了专业化分工，每一个国家可以集中生产某些产品或者某些零部件，不需要生产所需要的全部产品或一种产品的全部零部件。第二次世界大战之后，国际贸易相当大的部分发生在发达国家之间，如欧洲的一些发达国家，它们的生产要素比例相似，技术水平相近，彼此之间的贸易也在不断地扩大。原因主要在于：这些国家之间国际专业化分工愈来愈发达，每一个国家集中生产某一、两种或少数几种产品，从而不仅仅发挥了本国

的专业优势，而且能发挥规模经济的效益。瑞士就比较集中于手表生产上。

208　为什么高科技产品总是首先出现在发达国家？

纵观历史可以发现，世界上高科技产品首先出现在发达国家，从而使新产品在其生命周期（导入期、成长期、成熟期与衰退期）中，总是从发达国家走向发展中国家。那么，为什么高科技产品总是首先出现在发达国家呢？通常我们认为，这是因为发达国家的资本充足、科研实力强、有市场需求，以及规模效益带来的优势。

由于高科技产业需要大量的重工业设备和昂贵的生产设施，因此，往往需要相应的资本投入。这些设备和工具对金属模具的要求非常高，而且还需要激光来实现塑料的精确切割，这些操作都需要大量的知识和设计信息。仅仅是这些技术和设备的获取就需要可观的资金，这本身就是一个巨大的准入障碍。高科技产业是一个风险极大，且初期投入大、固定成本高的行业，需要有足够的风险资本支撑。发达国家都把加大研究与试验发展（R&D）经费投入，视为国家经济未来发展之保证。它们对高科技的投入超过或接近其国内生产总值的2%，而在大多数发展中国家，对科技的投入尚不足其国内生产总值的0.5%。另外，众多的高水平科技人才也是高科技发展的重要条件。发达国家非常重视对科技人才的培养，鼓励创新，形成了较为完善的教育制度，因而拥有一支庞大的世界一流的科技人才队伍。

从需求市场来看，任何高科技产业的形成，需要有一个足以支撑的市场。由于高科技产品多属于"奢侈品"，价格较高，产品的收入弹性大；发达国家的人均收入高，高科技产品一旦被消费者接受以后，就容易形成一个足够维持它走完整个生命周期的市场，从而使高科技产品的生产形成规模经济。相比之下，即使许多高科技产品可以在发展中国家研究开发出来，但由于没有足够的消费者来购买，最终也难以通过市场形成产业。

209 为什么在海外可以买到比国内价格更低的本国产品？

当今社会有一个问题非常值得关注，那就是中国制造的产品出口到国外以后，反而比国内要便宜很多，形成了中国制造价格的内外倒挂。比如，一双中国产耐克或者阿迪达斯的运动鞋，在国内各大商场，正价产品动辄上千元人民币，即使遇到商场大减价，也需要五百元左右；而同样款式的鞋子，在美国的一些大卖场里，只需要三四十美元，折合人民币也就二三百元。为什么身处"世界工厂"的中国消费者，有时要付出比其他国家更高的价格来购买"中国制造"的产品？为什么这些本国产品漂洋过海之后，价格反而比国内便宜？

这里很重要的一个原因是：中国的出口退税政策，使得企业能够低价出口。出口退税政策的目的，本来是希望通过增加出口，从而拉动中国的经济；但政府对出口商品进行退税，甚至是补贴，使得企业可以低价出售出口商品，国外经销商的成本就低于国内经销商。尽管有时国外的人力成本高于国内，但在流通的各个环节，国内要比国外更多、更复杂；除了成本因素之外，还有层层的中间加价，致使最终的销售价格国外有时会比国内更低。

其次，物流成本不同也会导致这一现象出现。同样的货物，经由航空、水路、铁路或公路运输，其成本差别很大。就一般情况而言，航空运输成本最高，水路运输成本最低。我国远销海外的商品大多数都通过海路运输，相比于同类产品主要通过铁路和公路运输在国内销售而言，相同里程、相同重量的物流成本前者可能更低，以致从深圳运往美国的成本低于从深圳运到四川。此外，由于我国的特殊国情，铁路、公路运输过程中，还有不少隐性费用和成本，这些都导致了同类产品国内销售价格更高。

210 为什么自由贸易可以使不同国家的产品价格趋同？

让我们先来了解一下什么是自由贸易。自由贸易指的是政府不采用关税、配额或其他形式来干预国际贸易，也就是说国家取消对进出口贸易的限制，取消本国进出口商品的各种优待和特权，使商品自由进出口。那么，为什么自由贸易能使产品价格相同，工人工资和利益都一样呢？

我们先假设，国际市场只有两个国家，并且产品在国际市场上通行的价格为世界价格。如果产品的世界价格高于 A 国国内价格，那么一旦允许自由贸易，A 国就会成为一个产品出口国，因为国内的生产者渴望获得利润，于是开始向 B 国出售他们的产品。此时，B 国的产品商感到了竞争压力，为了将自己的产品卖出，他们会采取降价的策略；而 A 国的产品商为了获得最大收益，他们也许会提价，只要提在他们认为的世界价格之下即可。随着一轮轮的降价、提价，最终世界价格将趋于统一。相反，如果产品的世界价格低于 A 国国内价格，那么，A 国就将成为一个进口国。由于 B 国销售者提供了低价格的产品，A 国的消费者很快开始购买 B 国的产品；而 A 国国内的产品商为了将自己的产品卖出，就会降价，最终形成一个新的统一的世界价格。

工人的劳动力也是一种商品，同样遵循上述规律。当本国的工资较低而国外工资较高时，工人就希望到国外去工作，以获得更多的报酬；那么，国内劳动力市场供给便减少，厂商必须提高工资和福利来吸引工人。随着不断的博弈，慢慢地，工人工资和利益将趋于一致。不过，在现实生活中，由于存在各种各样的因素，比如教育、医疗或者是家人两地分居等，导致了工人流动性不充分，因此其工资的一致性不像商品那样明显。

211 为什么区域性的自由贸易和经济合作会成为一种主要的发展趋势？

我们经常会在新闻中听到，欧盟采取了一些经济贸易措施，而不是单独的德国、法国或者意大利。为什么这些相邻国家或者地区之间，要形成一个联盟或者签订经济合作协议呢？这种区域性的自由贸易和经济合作到底有哪些优势呢？

区域性经济合作是某一区域内的国家或地区，为了维护共同的经济和政治利益，相互之间实行的经济联合，其合作形式包括施行共同的经济政策，形成区域性的经济合作组织等。随着经济全球化的发展，区域性的经济合作和自由贸易成为一种趋势。

在这种经济合作下，区域内的国家通过签订协议，可以制定很多优惠政策，如，在成员国之间取消工业品贸易限额，减免或废除关税，使商品在区域内各成员国之间逐步自由移动，等等。

区域经济合作带来的好处也是多方面的。在政治上，有利于维护地区稳定，减少国家间的冲突，并且在面对区域外其他经济体时，可以有更多的话语权，减少对外部市场的依赖；在经济上，可以促进地区间的经济繁荣，贸易自由；在外交上，可以增强区域内各个成员国应对和抵御全球化风险的能力，有效缓冲经济全球化带来的竞争压力。同时，由于地缘优势，便于这一地区商品、资金、技术形成流通网络。

目前，欧盟、北美和亚太三大区，占世界国民生产总值的 3/4 和世界贸易的 70% 以上，能够融入区域经济体中，也为自身发展提供了有利条件。

212 为什么前些年欧美市场上大量的商品是在中国生产的？

日常生活中，我们曾见到大量的产品印着 Made in China；同样地，在美国或者在欧洲等地区的货架上，都有带着这样的标签的商品，"中国制造"慢慢成为世界各国对中国认识的一种符号。

国外之所以有大量的中国制造的商品，是因为在过去较长一段时期里，中国有众多的廉价的劳动力作支撑，来提供基础的加工工作。通常的情况是，在本地生产的商品相对便宜，但在一些发达国家如美国，其社会分工相对细致，机械化程度高，生产效率高，人力成本随着经济的发展逐步提高。许多大型企业为了缩减自己这方面的支出，把大量的工厂搬迁到中国这个劳动力充裕的地区。像我们所熟知的苹果手机，其大量的触摸屏都是由我国内地的加工企业来生产的；一些电子产品如手机、电脑等也是如此。这样的话，一方面减少了这些大型企业的成本，另一方面它们能更专注于设计和研发，使产品更具竞争力。在美国、欧洲市场还有大量的商品，如衬衫、鞋子、玩具等都是中国企业生产的，它们在生产出来之后，只需要通过海运或空运就能出现在大洋彼岸的美国或欧洲市场，这些产品即使加上了运输的费用，其价格也远低于在美国或欧洲本土生产的，这也就是为什么在美国，甚至是在欧洲都有大量的"中国制造"的产品了。

但是，如果我国一直依赖于廉价的劳动力，做"世界工厂"，这样的发展模式是不能持续的，我们所熟知的"人口红利"会消失，我们需要有自主创新和知识产权来保持可持续的经济发展，就需要有自己的技术优势。

213　为什么发达国家要转出劳动密集型产业？

如今，我们时常会在电视、网络或其他媒体上看到，一些发达国家的大型工厂中只有为数不多的几名员工，他们通过仪器监控着整个工厂的生产流程，并不需要自己去完成人工的作业，取而代之的是整个工厂的高度机械化运作，整个过程都有条不紊地进行着，各种各样的精密自动化设备代替了人力。而在一些发展中国家的企业，总会见到大量的员工集中在一个小作坊或简陋的生产车间内，重复地进行流水作业。

发达国家的机械化程度高，技术水平先进，人力成本很高。为了提高整个社会的经济效益，它们需要把那些劳动密集型产业、低附加值产业转移出去，更好地利用雄厚的资本，通过技术创新，生产和出售回报更高的资本密集型高新技术产品，去实现更高的经济效益。而那些没有先进的技术，机械化水平不高，人力成本相对低廉的发展中国家和不发达国家，能有效地吸收这些劳动密集型产业，这对于它们而言，也同样能追求社会经济产出的最大化，也就意味着对于现有资源的最优利用。如果在资本缺乏的条件下发展资本密集型的产业，势必加剧了这种缺乏，反而不利于经济的发展。对于劳动力充裕的国家来说，正好可以利用现有的资源来起到推进经济的作用。这样的产业转移需要经过漫长的调整过程，当这样的劳动密集型产业在一国的优势不再时，整个世界就会寻求更具优势的替代市场，来进行这样的产业转移，而这样的产业转移并不会顾及人的就业状况。

214 为什么会发生"荷兰病"？

"荷兰病"其实是一种因福得祸的"富贵病"。早在20世纪60年代，已是制造业出口主要国家的荷兰发现了大量的天然气。由于当时能源价格高涨，荷兰得以从天然气出口中获得高额的外汇收入，导致其国际收支出现顺差，经济显现繁荣景象。由于顺差的出现，荷兰货币荷兰盾的汇率不断上升，劳动力工资上涨，生产成本提高，削弱了出口行业的国际竞争力，严重打击了荷兰的农业和工业，最终导致通货膨胀上升、制成品出口下降、收入增长率降低和失业率增加。这种资源产业在繁荣时期价格膨胀，并以牺牲其他行业为代价的现象，国际学者称之为"荷兰病"。后来，新开发自然资源的国家，如沙特、尼日利亚、墨西哥、挪威等都出现过类似的经济现象。

一国的人力、物力都是有限的，在还未找到高储量的石油和天然气之前，荷兰人把更多的精力放在传统的制造业与服务业，用这类产品来和国外进行贸易；但当探明有大量的自然资源，国际上对之又有极大需求、能够获得高额回报时，他们将越来越多的人力、物力投入到勘探业和挖掘业中去。原本的传统制造业，由于本身无法创造出同样高额的回报而被忽视，此时，产业转移就不可避免地发生了。

215　为什么后发国家都很重视吸引外资？

对于一些后发国家来说，它们特别希望能够吸引来自世界各国的海外资金。这样的情况可见于今天的越南、南非，改革开放后的中国，甚至是更早前的韩国和日本，等等。一般这样的国家期望能够利用外资来帮助，甚至是振兴自己的经济；由于发展中国家或地区在经济发展的初期，缺少原始的资本积累，单靠一国自己的资金无法迅速发展经济。这种情形就如同刚创业的小型企业，它们想要更快地扩张和发展，就需要从银行或者其他金融机构融资来壮大自己，如果仅凭企业自身的原始资金将无法迅速实现扩张，反而会使自己的竞争力逐渐消耗殆尽。对于一国的经济来说，其实道理也是一样。

这些海外资金一般都来自发达国家或者一些大型的跨国公司，这些资金所有者也并不是那么的"无私"，它们希望能从发展中国家或地区的发展过程中分得一杯羹。一些经济相对成熟的发达国家或地区，整个产业的竞争已相当充分，资金一般无法从现有的运作中获得高额的回报；而那些发展中国家或地区尚处于经济发展的起步阶段，能够提供丰厚的预期收益。自然，外资一般会借贷给那些发展中国家或地区。由于发达国家经历过类似的发展过程，更懂得在发展中可能会遇到的问题，不仅能提供资金的支持，而且能从技术、管理等各方面来帮助发展中国家的经济发展，因此，发展中国家非常热衷于引进外资。但在引进时需警惕和预防外资的迅速抽离，外资的迅速抽离会对经济带来巨大的打击，特别是对小型的经济体，打击尤重。

216 为什么说关税是一把"双刃剑"？

在国与国的双边贸易中，政府通常会对某一产品征收一定比例的费用，这一费用被称为关税。

关税的设置者和直接受益人是一国的政府，旨在对特定产品施加某些限制。通常从国外进口的烟、酒或一些奢侈品会被征收较高的关税，政府一方面可增加收入，另一方面又可限制骄奢的风气。但有时政府也会对部分的其他产品征收关税。例如，某国想要扶持国内处于起步期的电子产业，由于国外的同类产业已相当成熟，产品的生产已具备一定的规模，不仅在性能、设计上都优于国内的产品，而且价格也低于国内同类产品；该国政府为了培育自己的电子产业，自然会对国外的电子产品课以关税，使其价格抬高，让本国的产品在价格上有竞争优势。

对于企业来说，适当地得到政府的帮助，可以免于在初创期就陷入严酷的市场竞争，从而能够度过一段艰难的发展期；政府也可以利用关税来培育和发展本国的产业。而对于消费者来说，如果政府不对国外的进口商品征收过高的关税，就能够以较低的价格来购买这些商品；反之，消费者会因此而承受由过高的关税引起的价格上涨压力。对国外的进口产品征收过高的关税，还极有可能促使他国实施报复，对本国的出口产品同样课以关税，这样一来两国就可能卷入贸易战，这种贸易战最终将会伤及两国消费者利益。

217 为什么经常有反倾销调查？

我们时常会在电视、网络或其他媒体上获悉美国、欧洲对我国的轮胎、彩电、皮鞋等各种各样的产品发起反倾销调查。在两国贸易往来时，若在国外销售的产品价格低于国内同类产品时，那么，该企业就很有可能涉嫌倾销。由此，进口国政府就极可能发起对该产品的反倾销调查。在世界贸易组织的《反倾销协议》中规定，一成员国要实施反倾销措施，必须具备三个条件：第一，确定存在倾销的事实；第二，确定对国内产业造成了实质损害或实质损害的威胁，或对建立国内相关产业造成实质阻碍；第三，确定倾销和损害之间存在因果关系。按照倾销的定义，若产品的出口价格低于正常价格，就会被认为存在倾销。出口价格低于正常价格的差额被称为倾销幅度。所以，确定倾销必须经过三个步骤：确定出口价格——确定正常价格——对出口价格和正常价格进行比较。

反倾销调查的初衷是为了保持一种公平竞争的市场格局。因为，如果一个企业将同一类产品以低于本国的市场价格出售给他国，就等于试图侵占他国市场，让进口国的同类产品面对不公平的待遇。这样的反倾销调查是合情合理的。但是在现实生活中，反倾销往往会被作为一种贸易保护主义的工具来使用。如果一国想要扶持本国的特定产业，会对某一种产品进行反倾销的调查。整个反倾销的调查会历经非常冗长的程序，一旦被指认为调查对象，该产品正常的生产活动就会被迫中断。由于这种调查漫长而复杂，令许多小型的出口企业难以承

受，只能对此默认、屈从，不作抗争；这样，会使得有的进口方政府不断利用反倾销调查的手段来保护本国的产业或企业。相对于强大的一国政府，处于弱势一方的出口企业往往会非常无奈和被动。

218　为什么要加入世界贸易组织？

世界贸易组织的成立是经济全球化进展的结果，随着世界各国的分工和专业化生产，国与国之间的贸易往来借助于发达的交通设施变得更加频繁。世界贸易组织的宗旨是：提高生活水平，保证充分就业，大幅度稳步地提高实际收入和有效需求，扩大货物的生产、服务和贸易，坚持走可持续发展道路，促进对世界资源的最优利用，保护环境，积极努力确保发展中国家，尤其是最不发达国家，在国际贸易增长中获得与其经济发展需要相适应的份额；通过实质性削减关税等措施，建立一个完整的、更具活力的、持久的多边贸易体制。

几十年前的人们或许很难想象，现在世界间的沟通、交流是如此地简便与快捷。先进的软、硬件设施让全球化达到了很高的程度；产品的生产外包、服务外包已不再是什么新的名词。但就是这样频繁的贸易往来，催生着各国间的摩擦不断涌现。做贸易非常讲究两方的双赢，但这种完美的契合很难在现实生活中遇到，各国政府往往会为了本国的政治、经济等利益树起贸易保护主义的旗帜，相互间产生磨擦、打贸易战。这样一来，受损的会是各国最终的消费者，不利于全球化的进展和世界经济的发展。

世界贸易组织就是为了协调各国间的利益，为让世界人民能享受到全球化经济快速增长的福祉而设立的。为了促进全球的经济增长，世贸组织推崇全球的贸易自由化，这样可以让世界各国之间面对一个竞争更充分的市场，让经济发展具备发展的活力和动力，贸易自由化的结果是使人们的生活更好。

发 展 经 济 学

219 为什么说我国是发展中国家？

2010 年，我国国内生产总值（GDP）超过日本位居世界第二，有预测称，中国将在 2025 年超过美国位居第一。从总量上看，我国已经远远超过大多数发达国家，但却仍将自己称为发展中国家，这是为什么呢？

第一，我国人均发展水平仍旧落后。虽然我国经济总量规模庞大，但是除以 13 亿人口之后的平均水平，还未能跻身世界前 80 名。第二，我国贫富差距较大。2014 年，按照中国人年收入 2300 元贫困标准线，我国尚有 7017 万人没有脱贫。第三，我国地区发展不平衡。东部地区相对中西部地区发达，城市相对农村发达。第四，我国社会保障水平较低。在中西部地区和农村地区，公共教育投入尚嫌不足，公共福利事业还有待发展。因此，就现阶段而言，中国经济发展水平距发达国家尚有差距，其中不平衡、不协调、不可持续等问题依旧存在，所以，即使经济发展的成果突出，我们仍然属于发展中国家。

220 为什么一国经济起飞需要一定的条件？

飞机升空之前，通常都要在跑道上经过加速度的滑行，达到速度临界之后才能一飞冲天。经济发展也是如此——"起飞"是一国经济成长中最为关键的阶段。所谓"起飞"，就是冲破经济停滞状态，带动经济快速发展；这就好比飞机起飞，只有升空，才能展翅翱翔。

然而，起飞需要很多条件支持。机型、燃料动力和外部环境等诸多因素都影响着飞机的起飞。而经济系统比飞机更为复杂，因此，经济起飞绝非易事，它必须像飞机能够飞翔一样具备一些条件：

第一，机型——资本积累。起飞时资本积累应占到国民收入的10%以上。要做到这一点，可以通过私人积累，也可以借助国家的力量，或者通过引进外资。

第二，燃料动力——主导产业。主导产业发展快，既可以"牵一发而动全身"带动其他部门发展，又能赚取外汇，用以开发和引进技术，购买外国产品。一般而言，劳动密集型的制造业是许多国家在经济起飞初期的主导产业。

第三，外部环境——政府支持。政府在经济起飞中的作用不仅表现在为企业提供税收、补贴等方面的优惠政策，更重要的是在于能够建立起飞的内在机制：科技革命、产业革命、商业革命和生产力革命，并以国有化经营的方式投资私人不愿投资或无力投资的领域。

一个国家只要具备了上述三个条件，就具备了经济起飞、走上工业化道路的基础。而一旦起飞，经济就可以持续增长。

221 为什么改革开放之后我国要引进外资？

改革开放之后，中国开始尝试引进外资，随着经济迅速增长，外资的规模也不断扩大。然而，外来资本扩张的同时，也带来很多问题，最直观的就是我们在马路上看到的小汽车，大多数都是来自欧、美、日的品牌。既然如此，为什么当初我们还要打开国门引进外资呢？

在一定程度上，引进外资可以被视作"借钱消费"。只是对"借"来的这笔钱所偿还的"利息"是市场和利润。改革开放初期，我国刚刚走出"文革"阴影，经济上一穷二白，要恢复生产，既没有资本，也没有技术。在这种情况下，只能从外面"借"来资本和技术进行弥补；而吸引这些资本和技术的，是我国商品稀缺的消费市场和能带来的高额利润的廉价劳动力。

引进外来资本往往是发展中国家短期内实现经济起飞、摆脱贫困的关键环节。但长期依赖外资，对本国经济的长期健康发展必然是不利的——自主品牌消失、自主创新不足，都和引进并依赖外资分不开。因此需要政府的调控和合理规划，在保证外资有效利用的基础上，加大国内资本投资和技术研发，这样，本国的经济才能保证长期健康地增长。

222 为什么日本经济发展的形态被看成是大雁飞行？

"二战"结束后，在日本曾广为实行的一个产业规则是：机器设备第一台引进，第二台自制，第三台出口。这一简单的规则，很好地折射了日本经济通过替代性生产和外贸，不断地由低级向高级波浪式发展的进程。

在工业化初期，日本主要依靠出口丝绸、棉纱、棉布等消费品，以此来换取发达国家的纺织机械等生产设备，装备本国的纺织业；继之，对进口纺织机械尝试替代性生产，以此带动日本机械工业发展；而纺织机械工业的发展又带动了纺织机械出口的发展。很多人觉得这一产业进程很像三只大雁在飞翔，因此称之为"雁形产业发展形态"。

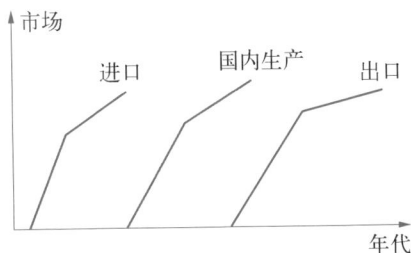

雁形产业发展形态图

日本经济学家赤松要（1896－1974）曾对此描述说：第一只雁是进口浪潮；第二只雁是进口所引发的国内生产浪潮，这时通过模仿、引进和利用进口产品的生产工艺和技术，并使之与本国的廉价劳动力和优势自然资源相结合，可以不断增加该产品的国内生产；第三只雁是国内生产所引致的出口浪潮，这时，产品的生产已达到一定的规模，由于本国的劳动力和自然资源等优势，以及高新技术的掌握和创新，再加上经营管理的改善，使得该产品的销售在国际市场上具有较大的竞争优势，开始占领国际市场。而日本也正是在这种"进口－国内生产－出口"的产业结构交替升级进程中，实现了经济的起飞。

223 为什么科学技术是第一生产力？

近年来，苹果产品以其创新的理念与先进的功能，成为当下最炙手可热的电子品牌。苹果的成功很大程度上来自创新。简单计算一下便知，一个 iPad 的售价是 499 美元，成本约为 219.35 美元，其中苹果公司开发各类芯片的成本约为 60 美元，负责触摸显示屏技术的 LG 公司成本约为 95 美元，然而放在中国的大量组装制造环节却仅仅消耗 11.2 美元。2009 年，苹果公司利润 90 亿美元，其员工只有 1.8 万；而负责组装的富士康的利润为 3900 万美元，员工却达到了 11

万。可见，创新和科学技术环节是利润的根本。

在整个人类文明发展的历史中，科技一直扮演着非常重要的角色，尤其是一次次的工业技术革命，带来了全球经济的重大飞跃。而在当今全球经济的高速增长中，科技进步的贡献已由微不足道上升到了举足轻重的地位。

首先，科学技术对经济发展起首要的变革作用。科学技术不仅使经济在量上即规模和速度上迅速增长，也使经济发生质的飞跃；而通过在经济结构、劳动结构、产业结构、经营方式等方面的变革，科学技术将成为推动经济发展的决定性因素。其次，作为第一生产力，科技可以作用于其他因素，通过提高劳动者素质、促进生产工具的进步和生产工艺的提高，成为推动劳动生产力的重要力量。同时，现代科学使管理日趋科学化、现代化，从而实现物和人的有序结合，可见科技是潜在生产力变为现实生产力的关键。

224 为什么"后来者"会"居上"？

"后来者居上"一词出自司马迁的《史记》，是当时的一名大臣评论汉武帝"用人就像堆柴"——让一些资历浅的官员地位高于老臣；后用来形容后者胜过前者。在经济学中，"后来者居上"的现象普遍存在，比如，后进入市场的企业反而逐渐占有更多的市场份额，后发展起来的国家反而比先发展的国家更加强大。

后来者之所以会居上，一是源自先行者自身能力的限制和占据领先位置之后的懈怠，例如，我们所熟知的龟兔赛跑的寓言故事；二是源自后来者的后发优势，即后来者通过对先行者的行为和效果的观察，规避了自身可能面对的不确定性和风险。后发优势的形成和以下三个条件有关：第一，对于先行者的技术、设备和资金的引进，有助于后来者节约成本和时间，摆脱基础要素投入不足的困境；第二，学习和借鉴先行者的经验，少走弯路，从而实现赶超；第三，后来者自身的激励效应，即在相对落后的压力下的奋起直追。

但是，"后来者未必居上"的现象也比比皆是。如果先行者不断提高自身能力，永不懈怠，牢牢占据自己的优势地位，让后来者没有机会赶超；或者，如果后来者不能将通过模仿获得的技术和经验加以有效的利用和改造，以使其符合自身发展特点和发展需要，那么这种居"上"的优势也难以实现。

225　为什么从事农业劳动的人会越来越少？

我们先来做一道简单的计算题，假设每个农民每天能够播种 10 个单位的土地，那么，每天播种 100 个单位的土地就需要 10 个农民；又假设现在引进了一台播种机，在播种机的帮助下，每个农民每天可以播种 20 个单位的土地，那么，每天播种 100 个单位的土地就只需要 5 个农民。

这道简单的计算题说明了随着科学技术的进步，机器代替手工劳动促进每个劳动者产出增加的过程。我们把这种单位劳动者的产出增加称为劳动生产率的提高。劳动生产率的提高受到很多因素影响，例如，劳动者的熟练程度、科学技术的发展程度、生产过程的组织和管理水平，以及自然条件等。在这道计算题中，我们也可以看出，随着每个劳动者产出的增加，在土地规模没有增加的情况下，所需要投入的农村劳动力就会减少。

我国是农业大国，农村人口占到总人口的半数以上，农业劳动生产率相对较低。近年来，中共中央、国务院把发展现代农业作为社会主义新农村建设的首要任务，提出要"用现代物质条件装备农业，用现代科学技术改造农业，用现代产业体系提升农业，用现代经营形式推进农业，用现代发展理念引领农业，用培养新型农民发展农业，提高农业水利化、机械化和信息化水平，提高土地产出率、资源利用率和农业劳动生产率，提高农业素质、效益和竞争力"。因此，随着现代化农业的不断发展和城镇化的不断推进，从事农业劳动的人还会继续减少。

226 为什么会出现农民工？

不知道大家在读完上文"为什么从事农业劳动的人会越来越少"时，有没有思考过这样一个问题：既然从事农业劳动的人越来越少，那么原来从事农业劳动的人都到哪里去了呢？我们先来看一组数据，1949 年新中国建立之初，从事农业劳动的人口占到总人口的近 90%，而到今天已经不足 50%（根据 2014 年统计公报，城镇人口占总人口比重为 54.77%），那么减少的这部分农村人口到哪里去了呢？

随着城镇化的发展，农村中很大一部分人都走进了城市，从农村人口转变为城市人口，由从事农业劳动的农民转变为从事工业或服务业的员工。那么，还在农村的那不到 50% 的人口是不是全部都从事农业劳动呢？答案是否定的，因为以我国现有生产率水平，农业人口过剩了。这一部分过剩的农业人口为了改善生活条件，进入了城市（主要在制造业或服务业工作）。由于他们持有农村户籍（我国将户籍分为城镇户籍和农村户籍），却从事非农生产，因此被称为"农民工"。

农民工是我国城乡二元结构的产物，也是中国经济发展过程中出现的特有的群体。他们是我国经济发展和城市建设的主力军。但是，由于我国当前的户籍限制，社会保障水平、城市建设水平和管理水平，以及其他的政治经济因素的存在，他们还不能在身份上完全转化为真正的非农人口。并且，在今后相当长的一段时期内，我国都还不能完全解决农民工的身份转换问题。

227　为什么刘易斯被认为是发展经济学的先驱？

威廉·阿瑟·刘易斯（William Arthar Lewis, 1915－1991）于
1979年与同样著名的经济学家西奥多·威廉·舒尔茨（Theodore
William Schultz, 1902－1998）共同获得诺贝尔经济学奖。瑞典皇家科
学院的贺词中，认为他是"研究经济发展问题的领导者和先驱"，为
发展中国家作出了贡献。

刘易斯出生于圣卢西亚岛（Saint Lucia，位于加勒比海，曾为英
国殖民地，现为英联邦成员国）的一个黑人家庭，1940年在伦敦经
济学院获得博士学位。由于来自殖民地，又是黑人，他曾长期受人歧
视，因此，他反对帝国主义。从20世纪50年代起，他就开始研究发
展中国家贫困及经济发展速度缓慢的内在原因，他的著作《经济增长
理论》，至今依然是发展经济学领域最重要的代表作。

1954年，他发表的论文《劳动无限供给条件下的经济发展》中，
提出了解释发展中国家经济问题的"二元结构"模型，并引发了广泛
的争议。他认为，经济发展过程是现代工业部门与传统农业部门并
存，而工业部门不断扩张的过程。随着工业部门扩张，将会不断吸收
农业部门中的剩余劳动力；一旦剩余劳动力全部被工业部门所吸收，
工资水平就会上升，这个转折点被称为"刘易斯拐点"。

228　为什么中国没有率先开始工业革命和科技革命？

中华民族拥有5000年文明，当我们的祖先发明火药、造纸术、
指南针和活字印刷术的时候，欧洲各国的科技还未起步；而到工业革
命在欧洲爆发的时候，我国正处在康雍乾盛世；随着工业革命走向繁
盛，中国却在列强的坚船利炮面前走向衰落。为什么中国早就有了四

大发明，却没有率先开始工业革命和科技革命，反而让当时落后的欧洲后来者居上，直到今天都一直遥遥领先呢？

提出这个问题的是剑桥大学的李约瑟（Joseph Needham, 1900—1995）博士，他在研究中国科技史的过程中提出了这个发人深省的问题，也被称为"李约瑟之谜"或"李约瑟难题"。李约瑟博士的答案是：第一，在中国古代思想文化影响下，中国人重实用而轻分析；第二，中国古代官僚体制"重农抑商"，阻碍了商业价值观的形成；第三，中国注重科举制度，思想被束缚在古书和名利上，没有把工匠技艺与学者发现之数理逻辑方法结合在一起，因而未能实现向近代科学过渡。但是，他的回答并没有得到广泛认可，直到今天，对这个问题的争论还在继续。中外学者曾在中国古代体制、地理环境、人口资源、思想文化、社会组织结构、科举制度等方面给出了各种答案，也许这些都算不上标准答案，但"李约瑟之谜"及其研究为我们带来了启示，有助于人们最终找到那把决定科学盛衰的钥匙。

229 为什么中国的经济改革是从农村开始的？

1978 年 11 月 24 日晚上，安徽省凤阳县凤梨公社小岗村的一间茅屋里，关系全村命运的一次秘密会议正在召开，会议的主题是"分田到户"。当天，18 个农民冒着坐牢的危险按下了手印，一份不到百字的包干保证书诞生了。正是这份包干保证书，促成了农村家庭联产承包责任制在全国的推广，也迈出了我国改革的第一步。

改革以前的"农业合作化"和"人民公社"运动，将农民个人的土地私有变更为集体所有，统一经营，按劳分配，农民因此丧失了生产的积极性。已经难以按照原来人民公社的生产经营方式继续生活下去了的农民群众有着强烈的改革愿望，在走投无路的情况下，他们走上了"冒天下之大不韪"的一步——包产到户。幸运的是，这一步成功了，并且得到了邓小平同志的肯定，以家庭联产承包责任制为改革方向的农村改革，迅速在全国推广。

农村是我国计划经济体制中的一个最薄弱的环节，正因如此，家庭联产承包责任制成为当时改革的一个重要突破口，进而推动了城市和整个经济体制的全面改革，使中国进入了改革开放的新时代。后来又催生了我国改革开放的一大动力——乡镇企业的异军突起，由此打破了城乡二元体制，实现了农民跨地区流动和进城就业。

230 为什么说中国的改革是"摸着石头过河"？

"摸着石头过河"的本意是，在不清楚河的深浅的情况下，只能边摸索、边辨明深浅、边过河的形象描述，用来比喻做事谨慎，边干边摸索经验。在我国改革开放过程中，有三个著名的经验，即"猫论"、"摸论"和"不争论"。其中"猫论"是指"不管黑猫白猫，抓住老鼠就是好猫"，喻指检验计划和市场孰优孰劣的问题；"摸论"是"摸着石头过河"，指我国从计划经济向市场经济过渡的渐进式改革，在没有经验可以参照的情况下，只能走一步看一步，在改革中积累经验；"不争论"是指"对改革开放，一开始就有不同意见，这是正常的"，"空谈误国，实干兴邦"，"不争论"就是争取时间发展经济。

同"摸着石头过河"的渐进式改革相对立的，是由美国经济学家杰弗瑞·萨克斯（Jeffrey Sachs）提出的"休克疗法"——主张采取一步到位的方式实现价格、外贸的自由化和货币的自由兑换等市场化改革。由于上述经济措施具有很强的冲击性，社会经济会受到极大的震荡，甚至处于"休克状态"，因此用医学上的休克疗法作比喻。"休克疗法"曾经帮助玻利维亚走出了债务危机，同样也导致了苏联的解体。

231　为什么有人把中国称为"世界工厂"？

相信去过国外的人都有这样的经历，在国外的商场里，常常会发现不少"Made in China"的产品。每年的圣诞节前夕，是中国工厂最为繁忙的季节，因为不少西方国家，从圣诞树上的装饰品到圣诞节礼品，从毛绒玩具到服装鞋袜，大批商品都产自中国。

我国改革开放以后，外国跨国公司的制造环节，以惊人的规模和速度向中国沿海地区转移。1980 年，中国的出口额还不到世界出口总额的 2%；但到了 2009 年，中国已经成为世界第一大出口国。中国产品走向世界的过程，是我国综合国力不断提高，人民生活不断改善，国际地位不断上升的过程。正是依赖着"中国制造"和"世界工厂"，我国在 2010 年成为世界第二大经济体。"Made in China"的标签，既彰显中国渐趋强大的经济，又为我们敲响警钟。每制造一双耐克鞋，中国企业仅能从每个美元当中赢利 4 美分。

这样的"世界工厂"的称号值得骄傲吗？我们应该看到，这一称号背后是微薄的利润、低廉的工资、被污染的环境，以及被国际品牌抢占的市场。从"中国制造"到"中国创造"，从"世界工厂"到"世界工程师"，要实现真正的强国的目标，我们还有很长的路要走。

232　为什么说"要想富，先修路"？

试想，一位封闭村落中的瓜农，如果没有便捷的交通运输，如何能在种出来的西瓜腐烂之前，把它们送到城市中卖掉呢？推而广之，对于农村经济发展，也是一样的道理。有道是"要致富，先修路，道路通，百业兴"，公路为及时把农产品、农副产品送往需要它们的市场提供了可能。

　　便捷的交通能够降低农产品、农副产品的运输成本，节省运输时间，保证农产品、农副产品出售时的新鲜可口，从而增加农民的收入。当农民的钱袋开始充裕，就会奔走各地学习先进的技术，引进农用设备，购买化肥，投入再生产。

　　同时，便捷的道路增进了农村与外界的相互交流，使得当地特有的、适宜的种植环境有望受到投资者的关注；随着投资的增加，基础设施逐渐完善，各种人才逐渐汇集，村落便会逐渐发展成集农业生产、农产品加工、农业生态游于一体的现代农业生态区，从而增加农民的经济收入。

　　此外，道路作为基础设施的一部分，也是政府调控经济的手段之一。1929－1933 年的罗斯福新政就是通过大力修筑公路等基础设施，不仅加强了人员、物资交流，而且增加了就业，促进了经济增长，降低了失业率，使得美国很快摆脱了经济危机。中国改革开放 30 年的经验，也证明了修路发展经济的成绩是显著的。

233 为什么不同国家对待人口增长的态度不同？

首先，我们来做一道算术题：如果一个国家的总收入是 1000 亿元，人口总量是 10 亿，那么这个国家人均国民收入是多少？如果人口总量是 5 亿，人均国民收入又是多少？经过简单的计算我们可以看到随着人口的减少，人均国民收入由原来的 100 元增加到 200 元，这就是人口减少对人均收入带来的好处。

表面看起来，好像一个国家人口越少，人均能够分得的收入就越多；但是我们不要忘记，国民总产值是由各种生产要素创造出来的，而最重要的生产要素之一是人。在上述例子如果加入这一要素的话，当人口减少到 5 亿，国民总收入就可能达不到 1000 亿元了，这样的话，国民总产值是下降的。所以，经济的发展需要有一个合适的人口总量相匹配——人口数量相对经济需要超出过多，会导致大量劳动力无处就业，无法生存，同时带来教育、医疗等公共服务不足的问题；而人口数量过少，会导致劳动力投入不足，尤其是这种不足是由于老龄化问题引起的时候，会导致经济发展速度放慢，养老问题突出；只有人口数量恰好符合经济发展的需要，才能促进经济的发展。我们明白了这点，就不难理解，为什么有的国家在努力地控制人口增长，有的却实行鼓励人口增长的政策：每个国家的人口情况不同，有的呈高速增加状态；有的却是负增长状态，步入老龄化时期。后者当然要鼓励生育了。

234 为什么劳动者要接受教育和培训？

中国有句谚语叫作"活到老学到老"，说的是我们从出生的那一刻起，就在不断地学习。为了学习，个人、家庭以及社会都在不断地增加教育投入。

我们为什么要不断地进行投入呢？实际上，教育投资仅仅是人口投资中的一个重要组成部分，所谓人口投资，就是在人口增长或出生人口成长为劳动力过程中需要投入的相关费用。它包括新增人口投资、劳动力再生产费用和智力投资。新增人口投资是指在人口增长时，为保证人们生活水平不下降而进行的投资。劳动力再生产费用是指抚育和培养一个人成长为劳动力而支出的费用；任何人从出生到成长为合格的劳动力，都需要经过一个抚育和训练的过程，在此过程中，劳动者逐步具备了从事社会劳动的身体素质、科学文化素质和劳动技能素质；家庭和社会为此而支出的费用具有生产性支出的性质，是培养一个合格的劳动力而进行的投资；除此之外，它还包括为劳动者适应于工作岗位而必须支出的投资费用。智力投资是为培养熟练劳动者、专家、科学家而支出的费用，它一般是教育经费支出。随着现代科学技术的发展，开发人的智力资源，提高劳动者的科学技术水平，对发展生产力和提高劳动生产率具有愈来愈重要的作用，智力投资的重要性和作用也愈加明显。

235 人口为什么要迁移？

人类发展的历史也是一个人口不断迁徙和变化的过程。国务院侨办所属的华侨大学和社会科学文献出版社共同主持的《华侨华人蓝皮书：华侨华人研究报告（2012）》显示，中国海外华人华侨总数在 5000 万左右，其中在美华人就超过 400 万。事实上，不仅仅华人如此，日本人、印度人也曾大批迁往东南亚、美洲、大洋洲等地。那么，是哪些因素影响着人们的迁移呢？

一般来说，人口迁移的影响因素很多，但主要有以下几个：首先，是自然环境因素，包括气候的变化、水源的变动、土壤的优劣、矿产资源的开发等；其次，是社会经济因素，包括生活水平的提高和经济布局的改变，交通和通信的发展，文化教育的发展，婚姻和家庭变故等原因；再次，是政治因素，包括有关人口迁移政策的变化、战争和冲突，以及政治变革等。

人口迁移对迁出地和迁入地来说均有利有弊。对迁出地来说，人口的迁出在一定程度上可以缓解迁出地的人口和环境压力，加强与外界的社会、经济、科技和文化交流；但同时也会导致人才外流，劳动力短缺。对迁入地来说，则带来了大量劳动力，从而促进了当地商品流通和经济发展；但也会增加公共设施的负担和管理难度，以及对自然和生态环境产生影响。总体而言，人口迁移对调整人口分布、劳动力盈缺，促进地区文化交流、新资源的开发、经济文化区的建立、民族和种族的融合等都有着重要的作用。

236　为什么要建立与国情相适应的养老保障制度？

依据国际老龄化标准，当一个国家或地区60岁及以上老年人口数量占总人口比例超过10%，65岁及以上超过7%，该国或地区就进入了老龄化社会。2012年，全世界60岁以上的老年人口总数已达6亿，其中有60多个国家的老年人口达到或超过人口总数的10%，进入了人口老龄化社会行列。而根据我国人口普查数据，2012年，我国60岁及以上人口已经达到1.94亿，占14.3%；其中65岁及以上人口达1.27亿，占9.4%，中国已经步入人口老龄化社会。

人口老龄化会带来老年供养率上升、社会负担加重、劳动参与率下降、劳动力供给不足、劳动生产率下降，以及消费与投资结构变化等社会问题。因此，需要建立一个较为完善的养老保障体系，让老年人"老有所依，老有所养"。我国是一个发展中国家，社会经济还不发达，各地生产力发展水平不均衡，而且老龄化发展规模大、速度快、结构复杂。这种基本国情决定了我们必须建立多层次的养老保障体系，使养老保险既能充分发挥保障生活和稳定社会的作用，又能适应不同地区经济发展水平的需要，调动劳动者的积极性。

237　为什么经济增长能控制人口增长？

孟加拉国的格拉明银行与人口组织联合开发了一项人口计划生育项目，以贷款的方式支持妇女参加各种创业和创收活动，使妇女获得人力资本或有形资本，从而增加收入来源，并以自己的劳动偿还银行贷款。这个项目非常成功，贷款回收率在 96% 至 100% 之间。而随着收入的增加、避孕知识的普及，妇女对少生子女的期望显著提高，使用避孕方法的妇女要比对照组高 22%，计划少生的妇女要比对照组高 17%。这说明收入的增加对生育的调节和人口的控制有实质性的影响。

为什么经济增长反而能更好地控制人口的增长呢？这是因为：第一，子女养育成本的一个重要组成部分是母亲所花时间的机会成本，当妇女增加自身的教育和就业机会时，也就减少了其养育子女的机会成本，从而影响其婚后生活质量及养育子女的数量。第二，随着社会城市化和工业化，对特定地点的集中需求使得住房成本日益昂贵，养育子女的空间成本上升。第三，随着社会的发展，与养育子女相关的教育费用上升，父母通常要为孩子提供更多、更高质量的教育，而提供这些教育自然要增加养育子女的成本。第四，母亲养育子女成本的增加，使得其对避孕的需求增加，而且，经济水平的提高也为其避孕行为提供了必要的物质基础。因此，随着经济和社会的发展，人口增长反而更加可控。

238 为什么我们要保护环境？

1956 年，日本熊本县水俣湾发生了当时震惊世界的"水俣病事件"，这种病症最初出现在猫身上。当地的猫突然开始步态不稳，继而抽搐、四处撕咬，甚至跳入大海。与此同时，一些人也出现了与猫相似的症状，口齿不清，步态不稳，面部呆滞；进而耳聋眼瞎，全身麻木；最后精神失常，兴奋而死。那么，是什么原因夺走了猫和村民的生命呢？当地医学专家在对猫和死者尸体进行解剖后发现，这些尸体的神经细胞内存有甲基汞——一种剧毒的化学物质，它们来自当地渔民经常食用的鱼虾，这些鱼虾显然受到了当地水的污染。导致水污染是当地的一家氮肥公司所开设的合成醋酸厂。这家工厂在 1949 年后开始生产氯乙烯，把没有经过任何处理的废水（含重金属元素汞）大量排放到水俣湾中，汞在水中被水生物食用后，会转化成甲基汞，从而导致了当地鱼虾被污染；而这些鱼虾被食用后，甲基汞就进入人体，侵害人脑，破坏神经细胞、小脑和人的知觉系统，使人脑萎缩，最后致人死亡。这就是人类破坏自然环境的严重后果！

全球每年都发生很多起类似的事件，一些发展中国家或地区在发展工业的同时，没有相应的环境保护和公害治理措施，致使工业污染和各种公害病随之泛滥成灾。事实上，科技的进步和经济的发展从来都是一把双刃剑，人类只有正确认识和合理使用，才能获得便利和发展；相反，若无视环境的保护，随意污染和破坏，会给人类带来灭顶之灾。因此，我们在发展的同时，必须重视保护环境，注重经济与环境的和谐发展。

239 为什么要征收环境税？

中国的税收体系涉及许多与环境有关的税种，如燃油消费、机动车辆、自然资源、废弃物和污染排放等。事实上，法国最早开始征收与环境保护相关的税收，即 1964 年对水污染收费；此后，西方发达国家纷纷推出类似税种，如美国、德国、加拿大、爱尔兰、芬兰等。征收环境税已成为保护环境的重要经济手段。发达国家征收的环境税主要有以下两种：一是环境（污染）税，由于污染物主要包括废气、废水、固体废弃物、噪音四类，因而环境（污染）税也相应地分为废气和大气污染税、废水和水污染税、固定废弃物税，以及噪音污染和噪音税。二是生态（破坏）税，主要包括森林砍伐税等，如法国在 1969 年开征此税；比利时 1993 年通过的生态税法中规定了一系列生态税，涉及饮料包装、可处理的剃刀和照相机、农药、纸张及电池等产品。

那么，为什么可以通过税收的方法达到保护环境的目的呢？早在 1920 年，英国经济学家阿瑟·塞西尔·庇古（Arthur Cecil Pigou, 1877－1959）就提出，可以采取对排污者征税的办法来解决环境污染所造成的外部性问题，税收标准应等于污染的外部成本，从而使企业成本等于社会成本。这种税后来被称为庇古税。也就是说，当企业在生产产品时，不可能将全部原材料转换为新产品，其中一部分构成生产剩余物，而这些剩余物就成为污染的来源，如果这些污染物对企业来说是有价值的，就会被重复使用；但是如果没有价值，就会被抛弃而成为污染物对环境造成污染。由于对污染物的处理会带来企业成本的增加，控制成本是企业内部行为，而环境污染带来的社会成本损失则是外部损失，因此，污染源生成企业往往不去考虑其排放的污染物对社会造成的影响。这就需要有一个内在的自动改善的经济机制来对此加以控制，税收正是这样一种以经济手段控制污染物排放数量的有效办法之一。

240　为什么要征收道路拥挤费？

当我们每天背着书包、挤着公交去上学或上班，看着公路上密密麻麻的汽车时，我们一定在想，有什么办法能减少城市里上班高峰时的车流量呢？前些年新加坡推出了一个方案，就是对使用汽车造成的交通拥挤收费。它把汽车分成两类发放牌照：非高峰车挂上红色通行牌照，限时出行；对高峰车不限时，但要收取很高的城市拥挤费；同时，通过限制新车数量控制高峰车数量。这一措施出台后，不但增加了政府的收入，而且控制了汽车数量，降低了城市污染。同样地，泰国曼谷、英国伦敦和美国的部分地区也纷纷推出类似举措，以控制日益增加的汽车流量。

实际上，通过收取道路拥挤费，还能达到控制汽车尾气排放，减少大气污染的目的。这是因为，道路拥挤费本质上是一种交通需求管理的经济手段，其目的就是利用价格机制来控制城市道路高峰期的车流密度，调控交通出行需求，调整出行路径，调节交通量的时空分布，减少繁忙时段和繁忙路段道路上的交通负荷，提高道路设施的通畅度，从而满足道路使用者对时间和经济效率的要求。通过收取道路拥挤费，可有效促进人们改变出行方式，向高容量的公交系统转移，从而达到抑制小汽车数量、减少汽车尾气排放、减少城市中心区域环境污染的目的。

241　为什么排污权能进行交易？

20 世纪 70 年代，美国环保局（U.S. Enviromental Protection Agency，EPA）推出了一项排污权交易计划（U.S. Emissions Trading Program），将污染物（如二氧化硫、污水、重金属等）的排放权进行交易。排污权交易的对象是"排污削减信用",污染企业通过削减排污量,使污染物实际排放量低于政府法定标准,削减的差额部分由企业申请超量治理证明,经政府认可即可成为排污削减信用。它作为一种交易货币,可以进行流通,从而将排污权交易这种市场机制用于大气污染源和水污染源管控,并由此建立起以补偿(一处污染排放削减抵消另一处排放的增加,或允许新建、改建单位通过购买排放权抵消其增加的排污量)、储存(排污单位可将削减信用存入指定银行,以备自己将来使用或出售给其他排污者)和容量节余等为核心内容的排污权交易政策体系。90年代初,美国《清洁空气法》(修正案)又确定了酸雨治理计划。与此同时,1992年,联合国政府间谈判委员会就气候变化问题达成《联合国气候变化框架公约》,并在巴西里约热内卢举行的联合国环发大会(地球首脑会议)上通过。1997年,各主要工业化国家(除美国)和经济转型国家又签订了《京都议定书》,对全球六种主要温室气体(二氧化碳、甲烷、氧化亚氮、氢氟碳化物、全氟碳化物和六氟化硫)的减排数量进行了界定,使温室气体减排成为发达国家的法律义务。从此,污染物排放权的交易机制也在全球推行。

那么,为什么排污权可以在全球范围内进行交易呢?我们从科斯定理(由诺贝尔经济学奖得主罗纳德·科斯(Ronald coase, 1910—2013)提出的一种观点,认为在财产权利明确界定,并且交易成本为零的条件下,可以实现资源配置效率最大化)可以知道,既然日常商品交换可被视为一种权利(产权)的交换,那么,当我们将污染权也视为一种商品时,我们也可对其进行交换,从而通过市场交易来使污染控制达到最好的效果。并且,由于该交易过程是一个市场运行机制,污染治理量可根据治理成本进行变动,它具有更强的资源配置能力和更低的总协调成本,因此,它可以通过有效控制住污染物的排放总量,达到改善环境质量的目的。

区　域　经　济　学

242　为什么说互联网缩短了企业之间的距离？

信息化时代的通信技术，缩短了人与人交流的距离。20 世纪80 年代以前，我们同学之间为了问一道作业题可能需要跑很远的路，而在通信技术发达的 21 世纪，同学之间只要打一个电话、发一个信息、聊一下 QQ 等就可以知道今天老师布置了哪些作业。甚至老师上课的内容，也可以通过网络视频传送到每个学生家里的电脑上。

得益于信息技术的，不仅是我们个人的日常生活，还包括企业之间的日常交易，通过信息传输，企业能快速有效地完成各种交易。上海的企业向伦敦的企业买东西，不再需要漫长的买卖合同签订和投递运输时间，或是工作人员在两地之间的奔波时间，可能只需要动动鼠标、发几封 E-mail 就能够达成一笔交易。尽管企业之间地理上的距离没有发生变化，但是交易时间的缩短，使企业之间的相对距离变近了，从而大大降低了交易成本。

243 为什么迪士尼乐园要建在国际大都市？

梦幻的城堡、可爱的米奇和美丽的白雪公主，是无数人心中永远的童话。2011 年，上海迪士尼乐园破土动工；2016 年 6 月，童话成为我们身边的现实——园区内，王子、公主并肩而行，米奇、米妮牵手舞蹈……迪士尼乐园最早于 1955 年在美国洛杉矶落成，目前全世界已经建成的迪士尼乐园有六家，除了位于美国本土（加利福尼亚州、佛罗里达州）的两家之外，其他四家分别位于法国巴黎、日本东京、中国的香港和上海。

迪士尼乐园提供着特殊的产品和服务。由于它是以主题公园的形式为游客提供休闲、度假的场所，因此，贴近消费市场、能够吸引大量消费人群，是迪士尼选址的重要因素。迪士尼之所以选址于巴黎、东京、中国香港和上海，一是因为这些地区人口密集，且与周边城市或地区的交通便利，可以吸引大批游客；二是因为这些地区居民收入水平相对比较高，除了主题公园以外，可以带来更多的对迪士尼相关产品的需求；三是这些城市都是世界著名的大都市，每年吸引大量的国际游客；四是得益于当地政府的支持，迪士尼乐园可以带动城市旅游业、餐饮业、零售业等相关产业的发展，因此，当地政府都会对迪士尼落户提供政策支持和资金支持。

244 为什么市中心的大型工厂比较少？

在 20 世纪早、中期拍摄的很多电视、电影里，经常可以看到城市中高耸的烟囱、成片的厂房，以及骑着自行车上下班的工人；但是今天，我们已经很难在城市中找到那些景象了。曾经是城市重要组成部分的烟囱和厂房，都到哪里去了呢？如果我们乘车从一个城市到另一个城市就会发现，原来很多工厂都搬到了城郊或周边地区。

随着交通运输技术越来越发达，很多产品的生产已经不需要靠近人们生活的地方。相反，产品扩大再生产所需要的土地成为制约企业生产的重要因素。对于大多数制造业企业来说，是否具有充足的扩展空间，能否得到价格低廉的土地，往往是至关重要的发展因素。一些大城市实行"退二进三"战略（减少第二产业如工业企业用地，提高第三产业如服务业用地），将中心城区的工业企业搬到城市邻近的周边地区，主要就是由于中心城区缺乏扩展空间，土地价格较高，不适宜发展工业。

上面分析的土地因素，只是影响工厂选择生产区位的因素之一。如今，工厂在选址过程中，主要考虑的因素还包括：地理区位，如是否邻近港口、机场等；生产投入，如是否靠近原材料产地；基础设施，如产品生产所需要的水利、电力、交通是否便利；集聚经济，如邻近的工厂是否能够提供配套生产；政府政策，如政府是否对进入工业园区的企业提供税收减免等。

245　为什么城市中大型超市少，而便利店多？

不知道大家是否观察过，在自己居住地附近，走不远的路就可以找到一家如可的、好德、快客等的便利店，却需要乘车才能到达一家如家乐福、沃尔玛、世纪联华、大润发这样具有一定规模的大型超市。再回头想一想，自己或者家庭成员多长时间去一次便利店，又会在多长时间去一次大型超市呢？相信大多数人去便利店要远远多于去大型超市。相应地，去一趟便利店可能只为了买一包盐、一瓶饮料；而去一趟大型超市，拎回家的则是"大包小包"。

为了解释这些现象，我们首先来作一些对比：第一，便利店往往只有十几平方米，而大型超市面积很大。第二，便利店通常售卖日常生活用品，并且种类较少；而大型超市不仅售卖多样化的日常用品，还涵盖服装、家电等在便利店找不到的产品。第三，便利店往往是24小时服务的，而大型超市到晚上10点左右就会停止营业。

大型超市和便利店之所以存在差异，在于两者的服务范围和服务内容不同：便利店只为其周边小范围的居民提供日用品售卖，以便民为原则；而大型超市往往是为一个或几个大型社区居民，提供涵盖衣、食、行、用等多样化的商品和服务，大型超市的免费班车和停车场将其服务延伸到了更远的区域。有人作过测算，在我国，一家大型超市的服务半径可以达到2—5公里。因此，在一定区域范围内，多只有一家大型超市，却可开多家便利店。

246 为什么肯德基和麦当劳总是开在相邻近的地方？

我们发现，无论是在繁华的商业区，还是幽静的居民区，麦当劳与肯德基的店铺多相距很近。作为全球最大的两家连锁快餐店，为什么都要把分店开到对方的旁边，而不是选择另一个区域呢？它们会不会为了抢夺客户而打"价格战"呢？

针对这种现象，我们先分析一个案例：麦当劳在某一地点开了一家连锁店，首先要做一些宣传，告诉消费者这里新开了分店，欢迎大家来品尝；当宣传接近尾声时，肯德基就在它的附近开一家店，由于两者的产品差别不大，所以肯德基不用自己做广告就达到了宣传的效果。可以说肯德基利用了麦当劳的宣传，给自己做了免费的广告，或者说，麦当劳分店的先开张，给后开张的肯德基带来了正外部效应。

当然，麦当劳和肯德基没出现恶性竞争，主要是由于两者的经营策略不同。虽然它们的产品内容相近，但在经营中并不是盲目地去

模仿对方，而是利用对目标客户群的重新定位或餐食口味的调节，即以"产品差异化"这种方式来进行竞争。比如，麦当劳将目标客户群由传统的儿童、家庭定位向更有消费潜力的年轻一族延伸；而肯德基则加速本土化步伐，重点放在加速推出中国特色浓郁的新产品上。所以，两家企业不打价格战，甚至小幅提高价格，仍能赢得足够的市场份额。这样的局面，令两家快餐巨无霸毗邻设店而能相得益彰。

247 "硅谷"何以能够成为高新技术产业区的代名词？

硅谷（Silicon Valley）位于美国加州圣塔克拉拉谷，因为曾经研究与生产高浓度硅为基础的半导体芯片而得名。如今，这段长约 50 公里的谷地，集聚了上千所高科技公司总部、上百万的高科技人才，1998 年总值约 2400 亿美元，占全美 GDP 35% 左右；2008 年以不足全美 1% 的人口，创造了全美 5% 的 GDP。我们熟知的惠普和英特尔最初也成立于此。这个在 20 世纪初还是果园和葡萄园的山谷，已经成为美国高新技术产业的聚集地。

硅谷的成功，得益于风险投资、区位优势、企业集聚以及创新精神。硅谷的风险投资为新创立的企业提供资金支持，为其产品的研发设计提供基础条件；硅谷及其周边汇集了包括斯坦福大学在内的高等学府，这一区位优势为硅谷提供了技术支持和人才支持；而众多高技术企业云集，使其市场环境和配套服务都趋于成熟，吸引更多创业者慕名而来。最为重要的是，其所崇尚的竞争、平等、开放的精神，为全球的投资者提供了良好的环境。

为了促进本国高新技术的发展，许多国家都借鉴硅谷经验，建设高科技园区，例如，北京中关村被誉为"中国硅谷"，印度班加罗尔被誉为"印度硅谷"。"硅谷"俨然已经成为高新技术产业区的代名词。

248 为什么世界上大多数人居住在城市？

不知大家在忙碌的城市生活之余有没有思考过一个问题：城市是怎么产生的？回溯城市的起源，起初是最原始的群居生活，然后形成小村落、城镇，最后再逐步演变为城市。从乡村集市贸易的起源中，我们可以看出个中缘由。当人们需要通过交换来获得自己所需的物品时聚集到了一起，由此形成了集市。随着人们需求的增加，物品种类也日趋丰富，当小型集市无法满足人们交换需求时，人们就会向规模更大、物品种类更多的集市聚拢，逐渐地大集市便取代了分散的小集市。为了方便获得物品，人们也更愿意居住在大集市周围，这便形成了城市的雏形。当人们的需要日渐变得形式繁多时，就会创造出更多种类的商品；为了方便获得物品，便会有更多的人选择居住在城市，于是城市的人口不断增多。

随着城市规模的扩大，配套设施也不断地升级，电力、自来水、邮政、公共交通等设施给人们的日常生活带来了便利；购物可以不再跑东跑西，一个商场也许就能解决所有问题，让人们的物质生活得到极大的满足。而公园、博物馆、美术馆、音乐厅、体育场等文体设施，极大地丰富了人们的精神生活，提升了人们的生活品质。此外，城市还集中了大量的能够提供教育、医疗、养老等保障性服务的机构和组织，满足不同人群求学、生产、生活的需求。这些良好的物质、文化生活条件，多样化的社会保障性服务，都是在农村或是一些小城镇里享受不到的。因此，在很多人心目中，城市是一个令人向往的地方。

249　为什么城市化进程呈S形态势？

伴随着经济的飞速增长，我们不断感受到身处的城市正日益发生着变化。从乡村进入城市，令人体会最深的便是高楼林立，道路拥堵，街上的行人比肩接踵。

然而城市的建设并非一蹴而就的。每个城市都不是原本就存在，都是历经了长期发展变化才成为今天展现在我们面前的模样，而这一变化的过程在经济学上有个专业名词——城市化。

城市化的进程大致可分为三个阶段：第一阶段是城市发展的初级阶段。由于发展速度非常缓慢，城市人口相对整个社会而言占比并不高，人们更多地还是选择居住在农村，过着平和的田园生活。第二阶段为城市加速发展阶段。不论是大学毕业生还是外出务工者，都喜欢往城市跑，原因是城市有很多就业机会，以及在农村体会不到的生活氛围。这直接导致城市人口攀升，城市的数量和规模日趋扩大，经济得到快速发展。第三阶段是城市发展成熟期。相对第二阶段而言，这一阶段城市对周边影响逐步加大，使得城乡之间差距缩小，城市人口和经济的增长处于一个比较平缓的状态。

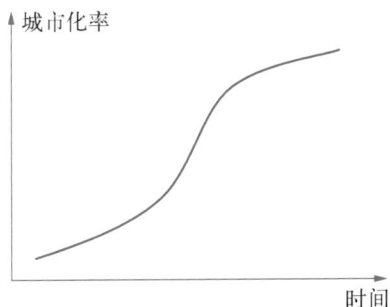

　　根据三个阶段中城市人口以及经济增长的速度，我们可以在一张图上表示出大概的趋势，即由第一阶段的缓慢、第二阶段的快速到第三阶段的平缓，以曲线相连接，就形成了一条被拉长了的"S"形曲线（见上图）。

250　为什么城市规模不是越大越好？

　　通常，我们在谈论一个城市规模时，都会用上人口和土地面积等数据。在工业大发展时期，城市发展迅速，人口快速集中；然而，如果这种发展速度超越了城市规划建设的步伐，就会带来一系列的矛盾和问题。这一类因城市发展而产生的负面影响被称为"城市病"。早在几十年前，伦敦、东京、纽约等诸多城市都得过"城市病"。

在我国，城市发展带来的好处有目共睹：琳琅满目的商品，丰富多彩的文化、娱乐生活，优质的教育、医疗资源，以及便捷完善的公共设施。但由于人们的争相涌入，城市规模的日益扩大，随之而来也出现了现代大、中城市中普遍感受到的住房压力、用水用电紧张、交通拥堵、垃圾处置困难和环境恶化等社会问题。譬如排队购物、拉闸限电、上下班费时、空气污染等。人口的增多，虽然会拉动整个城市消费总量的上升，也会让整个城市显得生机勃勃，但繁华的背后所付出的代价也是非常昂贵的。

我们在购买一件商品的时候通常会先考虑：我以这个价格买下这件商品值不值，这其实就是在考虑自身付出的成本（金钱）所换来的收益（商品对你而言的作用大小）是否值得。同样，人口和经济活动在城市中的集聚，我们一方面可以从中获得利益，另一方面要为此付出一定的代价。所以，对于城市规模应该多大为好，就要考量我们付出的成本与获得的收益是否真正合理，而不能盲目地认为城市规模越大越好。

251 为什么市中心的平均房价比郊区高？

"买房"、"高房价"、"房奴"……近年来类似的字眼不断见诸各大报端和各种门户网站。在多数人眼里，房价已经成了关乎民生的重中之重，房市的变动如同脉搏的跳动，需要时时刻刻地关注。而如今几乎所有的房地产公司都打着自己的楼盘是江景房、学区房或是位于某某市中心的招牌，更有甚者以毗邻未来的市中心为噱头，以期吸引更多的购房者。如果关注一下房价，你会发现市中心的房价明显高于其他地段，而且越接近中心地段房价越高。

影响房屋价格的要素一般包含三个方面：一是房屋的大小、材料、类型；二是房屋所处的地段；三是房屋附近的设施，包括城市基础设施和公共服务。在我们的认知里，作为一个城市的政治、经济、文化生活的中心，市中心是城市商业和社交活动比较集中的地段，政府会为了凸显城市的繁荣而不断加大对中心地段的投入，形成大量的CBD（中央商务区）以及商圈，同时，这些地段的教育、医疗、文化设施也相对比较完备。因此，市中心地理位置的优越性毋庸置疑。相对于整个城市而言，中心地段的土地是唯一的。上述说明，地段、周边设施是造成房价波动的最主要因素。

同样的情况在农业生产当中也经常发生，种植大户承包土地时向土地所有者支付的地租，往往是根据土地肥力和位置优劣来商定的。因为对条件好的土地，承包者可以通过加大投入使得产量提升，从而获得更高的收益，这便是经济学中"级差地租"的概念。由于级差地租的存在，因此，城市中由于地段、周边设施以及政府投入的不同，使得中心地段房价普遍高于郊区地段房价。

252 为什么中国要实施西部大开发？

早在20世纪80年代，邓小平同志就提出了"两个大局"的伟大构想，即：东部沿海地区加快对外开放，率先发展起来；东部发展到一定时期，要帮助中西部地区加快发展。

我们可以看到，经历了20多年的改革开放后，我国各地区经济都取得了长足发展，但也出现了不少问题，较为突出的是西部地区与东部沿海地区在经济发展速度和经济质量上的差距越来越大，尚未脱贫的人口也多数分布于西部，西部经济建设和人民生活指标明显落后于东部。从区域经济学角度来看，区域差距的不断扩大直至超过某个临界点，是不利于整体发展的。

基于以上客观的情况，政府在 2000 年制定并开始实施西部大开发战略。相对沿海地带而言，西部地区有着自己的优势。据统计，中西部地区拥有全国 86.5% 的国土面积、58.8% 的人口，可以说是地大物博，资源丰富。虽然东部沿海地区已经积累了大量的财富，对西部地区的投资增加能够起到一定的推动作用，但仍旧离不开西部的资源保障。同时，东部的繁荣创造了大量的就业机会，每年有数以千万计的农民工从西部等地涌向沿海地区，在促进人民收入水平提高的同时，缓解了巨大的就业压力。从长远看，对于全国而言，产业的分布及资源的配置也将变得更加合理，从而推动国内消费群体数量逐步增加。

253　为什么有长江三角洲、珠江三角洲等经济圈？

三角洲，是一个地理概念，是江河汇入湖泊、海洋时，水流向外扩散，趋于平缓时所带的泥沙堆积下来，形成一片向湖或向海伸出的平地，外形常呈三角形。长江三角洲（简称长三角）和珠江三角洲（简称珠三角）的得名就在于这两个区域是由于长江、珠江入海而形成的三角洲。

长三角和珠三角都不是行政区划，却涵盖地理位置相邻的多个省市。例如，长三角一般包括上海市和浙江、江苏，珠三角则包括广州、深圳、东莞等 9 个城市。这些省市除了在地理位置上接近之外，还有一个很重要的特征就是在经济上相辅相成。

在经济全球化时代，经济圈已然成为各国参与国际竞争的基本地理单元之一，是一个国家促进本国经济增长的引擎。一个由相互联系、相互制约的若干部分组成的协作整体，经过优化设计后，整体功能能够大于部分之和，产生 1+1>2 的效果。对于单个城市而言，由于受经济规模和产业结构的限制，是很难完全发挥其自身优势的；而让一个区域内的位于不同的地理位置，其生产要素和产业结构也各有不同的城市分别承担不同的经济功能，则可以实现单个城市无法获取的效益。

随着这些经济圈与周边区域经济互动的加强，其范围也逐渐扩大，"泛长三角"、"泛珠三角"等更大的经济圈正在逐渐成形。此外，类似这样的经济圈在我国还有很多个，例如，京津冀地区、川渝地区等。

管　理　学

254 为什么"面包落地的时候，常常是抹牛油的一面着地"？

有一个很有意思的小实验，假定你让一片干面包掉在地毯上，这片面包的两面均可能着地，即正反面着地的概率各一半；但是，假定你在那片面包的一面涂上牛油，常常是抹有牛油的一面会先着地。实际上，这和一种心理学效应、被称为"墨菲定律"的原理相关联，它的现实内涵是：任何事情没有表面看起来那么简单；所有的事情都会比你预计的时间长；会出错的总会出错；如果你担心某种情况发生，那么它就很有可能发生。

"墨菲定律"诞生于20世纪中叶，由爱德华·墨菲（Edward A. Murphy, 1918－1990）提出。当时墨菲和他的团队在做实验时，有多种操作方法，却有人偏偏采取了一种错误的方法。因此，墨菲提出了这个著名的论断：如果有两种或两种以上的方式去做某件事情，而其中一种选择方式将导致灾难，则必定有人会作出这种选择。

"墨菲定律"提醒我们，就是因为错误不断，才导致了世界上大大小小的灾难发生。如果我们承认自己有缺点和会犯错，那么，做事

情就会更加严谨，就可以减少错误，避免损失。所以，我们要学会发现自己的错误，从中吸取经验和教训，尽量避免灾难的发生，减少损失。

255 为什么亚马逊公司要收集近 100% 的图书出版目录？

在商品市场上存在这样一个有趣的现象，什么商品的需求多，资金就往哪里走，也就是说会有更多的投资者进入这个市场。例如，水果经销商发现人们对苹果的需求越来越少，而对西瓜的需求越来越大，水果经销商在进货时就会多选西瓜而少选苹果，因为西瓜能给水果经销商带来更多利润。对此，我们已经习以为常。但是，在美国图书市场却出现一个不一样的现象：1997—1999 年，美国最大连锁书店巴诺书店（Barnes & Noble）平均上架书目有 13 万种，而美国最大的网络电子书店亚马逊（Amazon）却有超过一半的销售量都不是巴诺书店的上架图书。如果以亚马逊的统计数据为依据的话，这就意味着那些不在一般书店里出售的图书，要比那些摆在书店书架上的图书形成的市场更大，这就是著名的"长尾效应"。从需要曲线中我们可以发现，少量的需求会在需求曲线上面形成一条长长的"尾巴"，将所有非流行的市场累加起来，就会形成一个比流行市场还大的市场。

2004 年，美国《连线》杂志主编克里斯·安德森（Chris Anderson）在他的文章中第一次提到长尾理论。他告诉读者，商业和文化的未来并不在于热门产品，不在传统需求曲线的头部，而在于曲线中那条无穷长的尾巴。所以，在互联网经济时代书籍、音乐等的销售中，那些不太热门的产品却能创造出惊人的利润，这也是为什么亚马逊要收集100% 的书籍目录的原因。一些不太流行的书籍，也确实给亚马逊带来了很大的利润。

256　为什么股东要雇用管理人？

一般情况下，小企业的股东与管理人的身份是合一的，即董事长兼总经理。但是随着公司规模做大，代表股东利益的董事长难以靠其一个人来完成对公司的管理，这个时候就要聘请职业经理人帮助其管理企业。这种情况在现代企业理论中，被称为"所有权与经营权的分离"，它在 20 世纪初才成为普遍的选择，是公司制度在历史上的一大进步，也被认为是现代公司制度的标志。

所有权与经营权分离，比两权合一有着两点优势：其一，两权分离可以借助资本市场的力量，突破企业发展的资本瓶颈，同时，使管理从完全的个性化转变为科学化，克服股东自身素质不足对企业发展带来的局限；其二，职业经理人能够比较充分地利用企业内部资源与外部机会，实现资源的优化配置，为企业带来新的发展机会，把企业带向新的发展高度。

无疑，企业是现代经济社会最重要的细胞，企业发展越成功，社会的发展就越好；而企业能够发展成功的关键，就是所有权与经营权分离的公司制度。让公司制度从两权合一走向两权分离，成为美国企业走向崛起的重要基础之一，也是美国经济走向强盛的重要因素之一。随着这些企业的全球化扩张，两权分离的现代企业制度逐渐在全球得到认同和推广，并成为现代公司发展的基础。

257　为什么人们要争着上名牌学校？

中国的教育出现了这样的一个现象：孩子似乎从小就要学会竞争，方能从竞争中脱颖而出；小学时为了进入名牌初中而努力，初中时为了进入名牌高中而努力，高中时为了进入名牌大学而努力。大家都是这样，没有人愿意放弃进清华、北大的机会而选择普通的高等院校，如果有人这么做了，别人一定会觉得难以理解。

那么，为什么人们都追求上名牌学校呢？

这个问题的答案似乎很简单，上了名牌学校，就能够学习到更多的知识，就能够增加自己的就业竞争力。当然这样回答不能算错，但仅仅是这样吗？答案显然不是。2001年，著名经济学家迈克尔·斯宾塞（Michael Spence, 1943— ）与乔治·阿克尔洛夫（George A. Akerlof, 1940— ）以及约瑟夫·斯蒂格利茨（Joseph Eugene Stiglitz, 1943— ）一起获得诺贝尔经济学奖，因为他们在信息不对称领域作出了重要贡献。斯宾塞用有用信息来诠释现代教育的功能，他在自己的博士论文中指出，大学做大的作用，是为社会或就业市场提供了一个很好的筛选机制。因为一个人的能力是需要长时间的考察才能够获得肯定，很难在一时半会或者在几次面试中就被发现，所以通过教育和大学的竞争，就能够把有能力的人和没能力的人区别出来，而名牌大学就是通过高考把最有能力的那部分人筛选出来。所以在这种情况下，一个人拥有高学历，拥有名牌大学的学历，就是一个很有效的信号，这个信号通过每个人所上的学校就能够得到很好的显示。那上了名牌大学，就说明这个人有可能是属于能力比较强中的一个，从而具备了在竞争中获得胜利的基本条件。

258 为什么善意收购者被称为"白衣骑士"？

在日常的经济活动，如商业竞争和企业创业中，我们常常听到"白衣骑士"这个词，它是什么意思呢？

当一家上市公司成为其他企业的并购目标后，公司的管理层为防止被恶意并购，会致力于寻找一家"友好"公司进行合并，这家

"友好"公司就被称为"白衣骑士";这是相对于恶意收购者而言的,因为恶意收购通常被称为"黑衣骑士"。一般来说,受到公司管理层认可的"白衣骑士"的收购,成功可能性很大;有时公司的管理者在取得机构投资者的支持下,甚至自己也可以成为"白衣骑士",实行管理层收购。当然,"白衣骑士"的出价应该高于恶意收购者最初的报价。

为什么会将善意收购者称为"白衣骑士"呢?原来在西方中世纪的骑士时代,流传着一个八彩骑士传奇的故事,讲述的是一农夫成为骑士来保卫一个小镇的事迹。这名骑士就是白衣骑士,他由此成为骑士中的英雄,而他的终极对头就是黑衣骑士。后来,人们在商业竞争中,把善意收购者称为"白衣骑士"。

259 为什么经济管理中存在"二八原则"?

"二八原则"是 19 世纪末 20 世纪初的意大利统计学家与经济学家维尔弗雷多·帕累托于 1897 年提出的。他在调查意大利人的收益和财富模式的时候发现大部分的财富流向了少数人手里,他还发现了一个非常重要的现象,即某一个族群占总人口数的百分比和他们所拥有的财富之间有一种微妙的关系,财富在人群中的分配是极其不平衡的,社会上 20% 的人占有 80% 的社会财富。

"二八原则"不仅仅是显示财富的分配,其在经济学和管理学等学科中也有着广泛的应用。比如:一个投资者投资利润的 80% 来自他 20% 的投资项目;企业主要抓好 20% 的骨干力量的管理,以 20% 的少数带动 80% 的多数员工,以提高企业效率;企业经营者要抓住 20% 的重点商品与重点用户,渗透营销,以获取 80% 的收入。

"二八原则"告诉我们:在任何群体中,重要的因素通常只是占少数的，不重要的因素是占多数的，因此，只要把握重要的少数就能够控制全局。所以管理学中存在着"重要的少数与琐碎的多数"原理。

260 "微笑曲线"是什么样的曲线？

最早提出微笑曲线的是台湾电子巨头宏基集团创办人施振荣。他在 1992 年为了"再造宏基"，提出了"微笑曲线"理论，以作为当时宏基的策略方向。这条曲线所呈的形态是：曲线两端朝上，在产业链中，附加值更多地体现在两端——研发和营销；处于中间环节的是制造，它的附加值是最低的。因为这条曲线呈 U 形，好像笑脸，所以被称为微笑曲线"。

微笑曲线理论虽然很简单，却很清晰地指出产业未来转型和努力的策略方向。在附加价值的观念指导下，企业只有不断往附加价值高的区块，比如分别在微笑曲线两端的知识产权（技术、专利研发）、和品牌、服务（营销）移动与定位，才能够在竞争中处于优势地位，保持企业持续发展与永续经营。

随着全球经济一体化的发展以及我国加入 WTO，我国出口大幅增加，2013 年外汇储备已经超过 3.8 万亿美元，已成为出口大国；我国大量的以出口为主导的企业应运而生，尤其是新型制造业企业。尽管社会经济的发展使我国制造技术发生了日新月异的变化，但我们大多数企业仍在从事"微笑曲线"里附加值最低端的生产——制造，仅仅靠廉价劳动力、价格、资源和非竞争性的优势，在低端产品上占世界一席之地，所以我国目前还只是制造大国，而不是科技大国。期待有一天，我们的科技创新与品牌服务日益受到国际市场的认可，我国从"制造大国"走向科技大国。

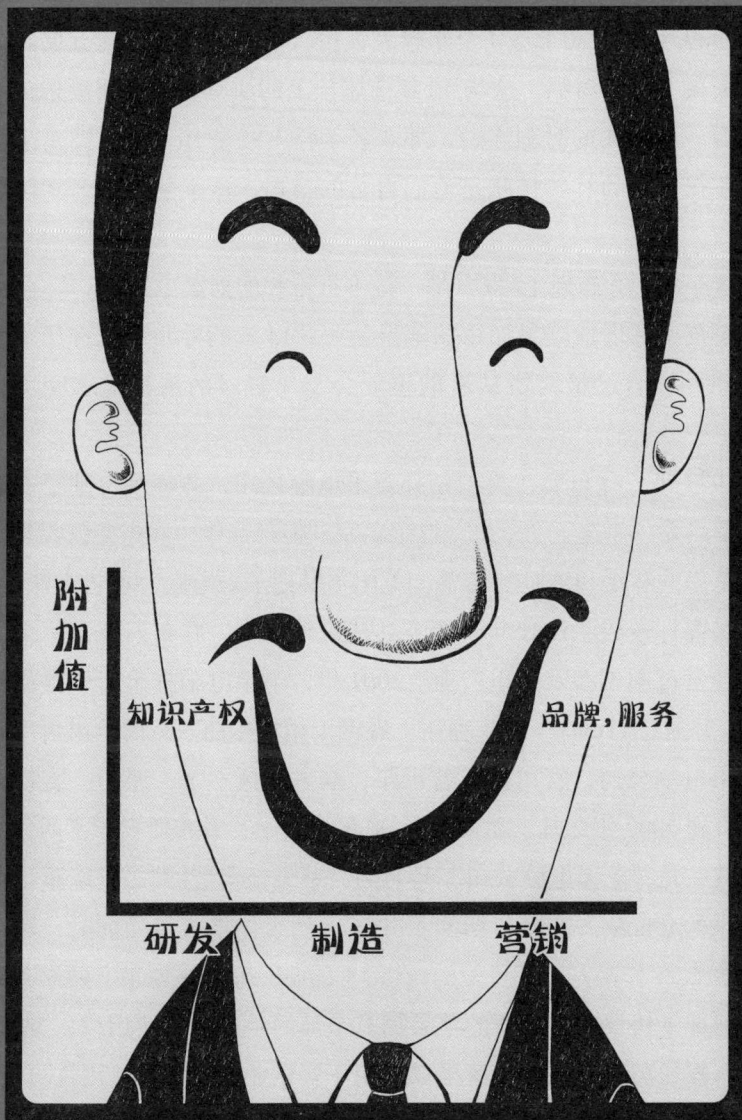

261 为什么乔布斯采用"苹果"商标？

1969 年 1 月 30 日，4 个年轻人在伦敦萨维尔街 3 号的五层红砖楼的屋顶上激情演唱。这场 40 年前屋顶上的演唱会，是摇滚乐史上最重要、最经典的时刻之一，那 4 名年轻人就是 Beatles（披头士），萨维尔街 3 号的红砖楼就是他们自己的公司，这家公司的名字叫作"苹果"。

这一年，乔布斯 14 岁，是一位不折不扣的摇滚乐迷。8 年之后，这位嬉皮士注册成立了如今的苹果公司。14 岁的乔布斯也许压根就没有想到，自己最终所从事的事业会与年轻时的精神追求完美地结合。

1977 年，乔布斯在美国创办苹果电脑公司，并表示，基于对披头士的热爱，而选了"苹果"这个名字。但第二年，乔布斯就收到了英国苹果的状纸和法院的传票。英国苹果把苹果电脑公司告上法庭，罪名是商标侵权。1981 年，双方达成庭外和解，乔布斯承诺苹果电脑的经营范围不涉及音乐产业。2001 年，苹果电脑推出音乐播放器 iPod，并通过 iTunes（音乐商店）在网上销售乐曲。英国苹果再度状告苹果电脑公司，官司打了若干年，双方争执不下，僵局一直持续着。直到 2007 年 2 月，在 Macworld 的大会上，乔布斯宣布了两件大事，其一是"苹果电脑公司"易名为"苹果公司"，其二是隆重推出了苹果的 iPhone。在乔布斯演示 iPhone 的媒体播放机功能时，用的却是 Beatles 作品——《可爱的丽塔》(*Lovely Rita*)。原来，两家苹果已经达成了协议，乔布斯的苹果拥有全部的苹果商标使用权，"苹果公司"授权英国苹果使用苹果商标用于音乐业务，收取使用许可费，同时在 iTunes 提供披头士音乐下载。根据协议，Beatles 的所有歌曲在 iTunes 上提供下载所达成的最终交易金额约为 3 亿英镑。不过，乔布斯拿到全部苹果的商标花费了多少就不得而知了。

现在看来，乔布斯才是那个真正的"在苹果屋顶上的人"。他运用创新科技与模式，最终使自己站在了"苹果"之上。

262 企业为什么要引进鲶鱼型人才？

挪威人喜欢吃沙丁鱼，尤其是活鱼。但由于沙丁鱼比较懒惰，常常挤在一起静止不动，因为缺氧而导致死亡率相当高。渔民很难让沙丁鱼活着回到渔港，因此也难以卖出好价钱。但奇怪的是，有一条渔船总能让大部分沙丁鱼活着回到渔港。直到这条渔船的船长去世，谜底才被揭开，原来是船长在装满沙丁鱼的鱼槽里放进了一条鲶鱼。鲶鱼好动，以鱼为食，进入鱼槽后，四下里游动；沙丁鱼为了避免被吃掉，四处躲避，它们的游动使水中充满溶解氧，缺氧的问题迎刃而解，死亡率也降低了很多。这样一来，大部分的沙丁鱼都能活蹦乱跳地运到市场上。这就是著名的"鲶鱼效应"，又称"激励效应"。

团队管理也是如此。无论是传统型团队还是自我管理型团队，时间久了，其内部成员由于互相熟悉，就会缺乏活力与新鲜感，从而产生惰性。尤其是一些老员工，工作时间长了就容易厌倦、懒惰、缺乏激情、工作效率低下，因此，有必要找些外来的"鲶鱼"加入团队，制造竞争气氛，激活团队的创造性和上进心。从马斯洛的需求层次理论来说，人到了一定的境界，其努力工作的目的就不再仅仅是为了物质，而更多的是为了尊严，为了自我实现的内心满足。所以，当把"鲶鱼"放到一个老团队里面的时候，那些已经变得有点懒散的老队员，迫于对自己能力的证明和对尊严的维护，不得不再度努力地工作，以免新来的队员在业绩上超过自己。

而对于那些在能力上刚刚能满足团队要求的队员来说，"鲶鱼"的进入，将使他们面对竞争的压力，稍有不慎，他们就有可能被清出团队。为了继续留在团队里面，他们也不得不比其他人更用功、更努力。可见，在适当的时候引入一条"鲶鱼"，是可以在很大程度上刺激团队战斗力重新爆发的。

263 为什么冰淇淋要从冬天开始卖？

全球顶级富人、台湾"经营之神"、台塑集团前董事长王永庆在总结自己企业成功的经验时说，如果说取得成功有捷径的话，那就是踏踏实实地从第一步迈起，练好基本功。为了说明这个道理，这位台湾塑料业大王举了一个卖冰淇淋的例子。夏天是卖冰淇淋的旺季，如果要想在夏天卖冰淇淋卖得比别人好，捷径在哪里呢？王永庆说，捷径就是从冬天开始卖冰淇淋。

在冬天，买冰淇淋的人相对要少很多，必须用心卖力推销，严格控制成本，提高服务质量，才能使顾客乐意光顾。这样一点一滴积累经验，建立基础。到了夏天，发展的机会来了，力量便一下子爆发出来。冬天都可以维持下来，夏天即使有竞争者也不怕了。

把自己的企业做强、做大、做长久，是每个企业家的愿望，但为什么有的企业能够办成百年老店，而不少的企业却会夭折呢？究其原因，还是因为企业的基本功不一样：那些"从冬天开始卖冰淇淋"的企业，基本功练得扎实，就办得长久；而那些"夏天才开始卖冰淇淋"的企业，由于匆忙上阵，基本功差，遇到逆境容易摔倒，企业自然也就办不长久。企业战略、人力资源战略、工作流程和员工压力管理等都属于企业的基本功，必须在平时就多加修炼，才能使企业的根基更扎实。

264　为什么有时"懒蚂蚁"也有功劳？

日本北海道进化生物研究小组对三个分别由 30 只黑蚁组成的蚂蚁群的活动进行了观察。结果发现，大部分蚂蚁都很勤快地寻找、搬运食物，少数蚂蚁却整日四处游荡、东张西望，人们把这少数蚂蚁叫作"懒蚂蚁"。有趣的是，当生物学家在这些"懒蚂蚁"身上做上标记，并且断绝蚁群的食物来源时，那些平时工作很勤快的蚂蚁表现得一筹莫展，而"懒蚂蚁"们则"自告奋勇"，带领众蚂蚁向它们早已侦察到的新的食物源转移。

原来"懒蚂蚁"把大部分时间都花在了"侦察"和"研究"上了。它们能观察到组织的薄弱之处，同时保持对新的食物的探索状态，从而保证群体不断得到新的食物来源。相对而言，在蚁群中，"懒蚂蚁"更重要；而在企业中，能够注意观察市场、研究市场、分析市场、把握市场的人也更重要，这就是所谓的"懒蚂蚁效应"。

懒蚂蚁效应说明，企业在用人时，既要选择脚踏实地、任劳任怨的"勤蚂蚁"，也要任用运筹帷幄，对大事、大方向有清晰头脑的"懒蚂蚁"。这些"懒蚂蚁"不被杂务缠身而长于辨别方向和指挥前进，能想大事、想全局、想未来。企业在用人中，需针对不同的岗位确定不同的考核标准，才能客观、正确地评价不同人员的贡献。对中、高层的管理人员而言，尤忌用一套标准管理所有的员工。

265　蝴蝶的翅膀能引发飓风吗？

一只小小的蝴蝶扇动翅膀，引发一场龙卷风。美国气象学家洛伦兹（Lorenz）1963 年提出了"蝴蝶效应"，具体的解释是：蝴蝶翅膀的运动，导致其身边的空气系统发生变化，并引起微弱气流的产生；

而微弱气流的产生，又会引起它四周空气或其他系统产生相应的变化，由此引起连锁反应，最终导致其他系统的极大变化。

之后，人们把"蝴蝶效应"应用在了很多方面，通过它可以理解，一个坏的微小的机制，如果不加以及时的引导、调节，会给社会带来非常大的危害；而某些好的微小的机制，只要正确指引，经过一段时间的努力，将会产生轰动效应。

离我们最近的蝴蝶效应的案例，就是2008年全球金融危机的爆发。由于美国次贷危机导致个别银行破产，并进一步扩大到整个华尔街，蔓延至全球多个金融市场，引发了全球性的金融危机，其影响持续至今。在这个案例中，次贷危机就是"蝴蝶翅膀"，引发了全球金融危机这场"飓风"。

266　为什么一个人干活时效率更高？

在体育比赛中，不同种类的运动队上场的队员数量都很明确：一支篮球队需要5个人，棒球队9个人，足球队11个人。但在工作场所，怎么来确定每支团队的最佳人数呢？那个著名的故事"三个和尚"中，为什么一个、两个和尚可以有水喝，而三个反而没水喝了呢？这里我们要介绍一个理论——社会惰性。

在实际工作中，普遍存在着成员的努力程度和贡献，会随着团队成员数量的增加而减少的现象，这种现象被称为"社会惰性"，其产生有多种原因：

在工作中，每一个人都会根据他所承受的压力大小来决定努力的程度。一般来说，压力越大，努力程度就越大；所以，当只有一个人的时候压力最大，发生社会惰性的可能性较小。但是，当你身处在一个集体中时，个人承受的压力大大减小，这时，个别成员表现出社会惰性现象的可能性就会增加；团体规模越大，社会惰性产生的可能性就越大。

另外，当我们从事相对简单的工作时，较容易出现社会惰性行为；在从事困难、复杂工作时，个人的觉悟水平和努力程度又会提高，这时社会惰性行为产生的可能性会减小。所以有人认为，社会惰性现象一般发生在任务相对简单的群体工作情境中。

也有人认为，过多的比较也是造成社会惰性的原因之一。当我们发现团体中的同事不努力或工作效率不高时，会认为既然他们不努力，那么为什么我们要多付出呢？之后，我们就会选择降低努力程度。随着我们工作团队的扩大，坐享其成的同事可能会越来越多，那些原本努力的人也会失去动力，最终导致社会惰性行为的出现。

267　为什么会有"大企业病"？

《红楼梦》里有一句话，叫"大有大的难处"。这话本来是说贾府家大业大、人口众多、管理难度大。这话同样可以用在企业管理上，企业规模大了以后很容易罹患"大企业病"。

所谓"大企业病"，是指企业发展到一定规模之后，在企业管理机制和管理职能等方面，不知不觉地滋生出阻滞企业继续发展的种种弊端，使企业逐步走向倒退甚至衰败的一种慢性综合病症。大企业病的症状一般表现为：信息不畅、机体僵硬、机构庞大的"肥胖症"；职责不清、决策复杂、行动缓慢的"迟钝症"；本位主义滋生、矛盾增多、协调困难的"失调症"；安于现状、墨守成规的"思想僵化症"。

造成大企业病主要有四大原因：其一，大企业最高领导人创新精神衰退。企业扩大到一定规模之后，"以攻为主"的经营方针不知不觉会被"以守为主"代替。其二，企业治理结构不健全。企业发展到高峰时，如果没有完善健全的治理结构，就会导致衰败。其三，企业决策机制失灵。企业规模大了以后，需要决定的事项增多，决策过程也复杂起来。其四，机构臃肿，人浮于事。企业越大，工作人员越希望在总公司工作，企业便滋生了因人设事，以及多数人无所事事的现象，使企业难以适应市场变化。

大企业病的典型案例见于 20 世纪 80 年代的美国通用电气公司。当时通用电气公司已发展成为拥有管理层次 12 个、雇员 40 万人，业务范围遍及全球 140 多个国家和地区的"经济恐龙"，但大企业的病症却日益凸显：随着业务扩张，销售额虽有大幅增长，但每股收益和投资收益率却下降；通用电气公司面临竞争力下降、股东和董事会不满等重重困难。此时，韦尔奇就任通用电气公司 CEO，开始在组织结构和公司业务上进行大刀阔斧的变革。韦尔奇清醒地看到，管理层结构臃肿是通用电气公司的症结所在，于是开始大量地精简、合并部门，将原先的 43 个"战略经营单位"减少到 14 个，同时，将公司一些不具竞争能力的业务部门分离出去。韦尔奇运用铁腕，让通用电气从萧条中恢复过来，也使自己重新成为行业的领袖。

268 为什么企业也要讲社会责任？

企业社会责任已经成为国际社会普遍适用的商业规则，成为国际市场的进入门槛和评价检验所有企业优劣的重要标准。企业作为社会的细胞，其生存和发展离不开社会，当然需要对社会承担责任。对企业自身而言，小赢靠智，大赢靠德；从长远着眼，承担企业社会责任也能为自己带来更好的发展机会。

在 20 世纪 30 年代之前，权威的观点认为企业的社会责任就是通过管理获取最大利益。从 30 年代到 60 年代早期，企业管理者的角色从原来的授权者变成了受权者，其职能也相应地由追求利润扩展为平衡利益；企业从要向所有者负责转变为要向更多的利益相关者负责。在这一阶段，公众成为推动转变的主角。他们要求企业更多地关注员工和顾客的利益和要求，更多地参与改善工作条件和消费环境的工作，为社会的发展发挥更多的作用。

20 世纪 90 年代以来，全球化的进程加快，跨国公司遍布世界各地。但是生态环境日趋恶化、自然资源遭受破坏、贫富差距日益加大等全球化过程中的共同问题，引起了世界各国的关注和不安。恶意收购、"血汗工厂"也引起了人们对过分强调股东利益的不满。企业在发展的同时，承担包括尊重人权、保护劳工权益、保护环境等在内的社会责任，已经成为国际社会的普遍期望和要求，关于社会责任的倡议和活动得到世界各国和各地区的广泛支持和赞同。

269 为什么鸬鹚会"罢工"？

有一个渔民，养了一群鸬鹚，每日喂新鲜的小鱼给它们吃。鸬鹚整日忙着捕鱼，跟着渔民好多年，为渔民过上丰衣足食的生活立下了汗马功劳。然而，随着鸬鹚年龄增长，眼发花、腿不灵，捕鱼的数量也逐年下降。渔民不得已又买了几只小鸬鹚，经过训练，它们很快就能够和老鸬鹚一起下河捕鱼了。

与以往对待鸬鹚一样，渔民对这些新来的鸬鹚很好，每日喂新鲜的小鱼给它们；而对老鸬鹚的态度来了个 180 度转弯——吃的住的比新来的差远了。没多久，老鸬鹚还被杀掉炖汤了。

看着老鸬鹚的命运，新鸬鹚决定集体罢工，一个个都立在船头，不再下河捕鱼。渔民感到很困惑："我待你们不薄呀，每天让你们吃得放心、住得舒心，时不时还让你们休息一天。你们怎么不思回报呀？"一只年轻的鸬鹚回答："主人呀，现在我们身强力壮，有吃有喝，但老了，还不落个像这群老鸬鹚一样的下场？"

这个故事给我们一个启示：鸬鹚从最初希望"有吃有喝"，到企盼"年迈体弱时也有小鱼吃"，这些要求都是合情合理的。倘若管理者忽视了这些需求，最终只能导致鸬鹚"罢工"，从而使企业蒙受更大损失。其实，看一个企业，不只是看其对年轻员工的态度，更要看其对待老年员工的态度。世界名企里面，还真没有"亏待"老年员工的。

随着企业由小到大，员工的需求层次也在逐步提高。工作不再是必需的谋生手段，人们会越来越注重将来的保障机制，以及精神上的享受和自我价值的实现。鸬鹚从最初只求付出劳动能换来吃喝，到希望"年迈体弱时也有小鱼吃"，就反映了渐进的职业需求。有人曾与亚洲首富李嘉诚谈起善待老员工的事，说："您对老员工这么念旧情，难怪他们对你感恩戴德。"李嘉诚回答说："一个企业就像一个大家庭，他们才是企业的功臣，理应得到这样的礼遇。现在他们老了，作为晚辈，就该负起照顾他们的义务。"

270　你最多能拥有多少社交"好友"？

社交网站、微信朋友圈在我们的生活中扮演着越来越重要的角色，但是，你有没有注意到，尽管我们的好友数量一直在上升，不过真正能够保持紧密联系的好友其实是很有限的。这里我们就给大家介绍一个著名的150定律。

英国牛津大学的一名人类学家罗宾·邓巴（Robin Dunbar，

1947—　）提出了 150 定律（Rule of 150），我们也称它为"邓巴定律"。该定律指出，人类智力允许人类拥有稳定社交网络的人数是148 人，四舍五入大约是 150 人。罗宾·邓巴研究了各种不同形态的原始社会，并发现在那些村落中的人，大约都在 150 名左右；现在我们许多人虽然远离村庄生活，但并没有摆脱这个定律，罗宾让一些居住在大都市的人列出一张与其亲密交往的所有人的名单，结果，他们名单上的人数也是大约 150 名。

　　150 定律还给了我们这样的启示：每个人身后大致有 150 名亲朋好友。如果你赢得了一个人的好感，就意味着赢得了 150 个人的好感；反之，如果你得罪了一个人，也就意味着得罪了 150 个人。在就职过程中，你会接触不同的人，如果能赢得对方的好感，将便于快速积累人脉资源，扩大人脉关系网。

271 为什么称财务工作者为"会计"？

"会计"一词人人皆知，它是监督和管理财务工作的代称，也是做此类工作的人的称谓。那么，会计这个词的由来是什么呢？为什么把管理财务的人叫作会计呢？

相传夏朝时，各地方官员在大禹率领下进行的治水工程卓有成效，为了记功行赏，大禹晚年在浙江绍兴的茅山大会诸侯，举行全国性的表彰会，汇总稽核众人的工作业绩。闭会后，一生辛劳的大禹去世，并葬于茅山。这件历史性大事就被称为"会稽"，茅山也因此改名为会稽山。这里的"会稽"虽然有记录核实之意，但尚未作为财务核算专用。

将"会计"作为财务核算专用名词，源于《孟子·万章》篇。据考证，从周代开始，我国就设置了专门的官吏为皇朝掌管财物赋税，进行"月计岁会"；汉朝时期，我国不仅有从事财务核算职业的专业人员，而且为了确保会计核算和会计信息的准确性，还专门设立了官方管理机构和管理职位，也许这就是最早的财政司吧。

272 管理者如何避免"活动陷阱"？

目标管理由管理学大师彼得·德鲁克（Peter Drucker，1909—2005）提出，最早出现于他的著作《管理实践》。根据德鲁克的说法，管理人员不能只顾低头拉车，而不抬头看路，最终忘了自己的主要目标，这样就容易陷入所谓的"活动陷阱"。

目标管理是使经理的工作变被动为主动的一个很好的手段，由控制下属转为与下属共同设定客观标准和目标，发挥其主观能动性来完成这一目标。实施目标管理不但有利于员工更加明确高效地工作，更有利于为未来的绩效考核制定目标和考核标准，使考核更加科学化、规范化，更能保证考核的公开、公平与公正。毕竟，没有目标与标准是无法考核员工的。

制定目标看似简单，每个人都有过制定目标的经历，但是如果上升到技术的层面，经理必须学习并掌握 SMART 原则。第一，目标必须是具体的，就是要用具体的语言清楚地说明要完成的工作指标。第二，目标必须是可以衡量的，是指绩效指标应该是明确的，而不是模糊的。应该有数量化或者行为化的数据，作为衡量是否达成目标的依据。明确的目标几乎是所有成功团队的共同特点。第三，目标必须是可以达到的，目标设置要让员工参与，上下左右充分沟通，使拟定的工作目标在付出努力的情况下可以实现，避免设立过高或过低的目标，并使工作目标在组织及个人双方均达成共识。第四，目标必须和其他目标具有相关性，工作目标的设定，要和岗位职责相关联，不要跑题。第五，目标必须具有明确的截止期限，要给目标设定一个大家都同意的、合理的完成期限。

273 为什么成功企业需要卓越的执行力？

我国古代有一个"孙子吴宫教战斩美姬"的传说。春秋时期，吴王为考察孙子统兵能力，让孙子将宫女训练成士兵。由于宫女从来没受过军事训练，乱作一团，吴王最宠爱的两个妃子更是嬉笑打闹。经过三遍练习之后，仍无改观，孙子即命令将两个妃子抓起来，立刻斩首。众宫女马上肃然而立，不到三个时辰，两个队列就成形了。

在现代企业管理中，孙子练兵故事所体现的即是执行力问题。所谓执行力，指的是贯彻战略意图、完成预定目标的操作能力。在企业经营管理中，执行力是企业竞争力的核心，是把企业战略、规划转化成为效益、成果的关键，执行力的强弱，直接影响着公司的发展和经营活动的成败。

一个企业是一个组织、一个完整的机体，企业的执行力也应该是一个系统、组织和团队的执行力。执行力是企业管理成败的关键。只要企业有好的管理模式、管理制度、好的带头人，能充分调动全体员工的积极性，发挥良好的管理执行力，企业就有望实现做大做强的目标。一个执行力强的企业，必然有一支高素质的员工队伍；而具有高素质员工队伍的企业，必定是充满希望的企业。如果企业战略不能被付诸实施的话，再周密的计划也是一钱不值的。因此，执行力强弱是决定企业成败的一个重要因素，是企业核心竞争力形成的关键。

274　上海的私车牌照价格为什么这么高？

上海是我国率先实行新增客车额度拍卖的城市，上海人俗称"牌照拍卖"。购车者只能凭着拍卖中标后获得的额度，去车管所为自己购买的车辆上牌，并拥有在上海中心城区（外环线以内区域）使用机动车辆的权利。由于每个月的额度只有几千辆，使得上海车牌价格一路上涨，2013年平均成交价格超过了7.9万元，成为"最贵的铁皮"。

上海的汽车牌照采取拍卖制度，主要是为了对机动车实行总量控制，缓解上海交通拥堵的问题。交通拥堵是城市公共道路供给不能满足市民以机动车方式出行的需求所致。一般情况下，道路作为一种公共产品，一个人使用不会排斥和影响其他人的使用。但是，道路的使用会随着车辆人数的增多而出现拥挤、堵塞、效率降低等问题，从而成为"拥挤性的公共产品"，上海中心城区道路就是这方面的典型。解决这一问题的途径有两个：一是收费，如高速公路的收费；二是限行，如北京市对汽车按照牌照号实施限号出行；上海市在出行高峰时段限制外省市牌照车辆上高架等（使得中心城区高架道路不出现过度拥挤）。上海对汽车牌照采取拍卖收费制度，是收费的另一种形式。近年来，由于所发放牌照的额度远低于汽车上牌的需求，导致汽车牌照价格一路上扬；而上海汽车牌照价格的上升，不仅起到了控制出行车辆数量，改善交通拥堵状况的作用，对于鼓励居民更多地采用公共交通绿色出行的方式，减少空气污染，也产生了积极的效果。

统 计 学

275 为什么统计身高要用平均数?

平均数是一种最常用、最简单的统计指标,是描述一组数据中心位置的概括统计量,在我们的生活中也经常被用到。例如,下表为10名中国成年男性的身高。

10 名中国男性的身高

(单位：米)

序号	身高	序号	身高	序号	身高	序号	身高	序号	身高
1	1.55	2	2.29	3	1.65	4	1.66	5	1.61
6	1.60	7	1.63	8	1.70	9	1.61	10	1.60

计算这10人平均身高的方法,就是将他们的身高的总和除以总人数10人,由此得出他们的平均身高是1.69米。我们不难发现,表中那位身高2.29米的要明显高于其余9个人,这显示了平均数的一个缺点,就是平均数忽略了单个数据的大小。平均数之所以能在众多统计指标中占据一席之地,是因为它有其独有的长处:首先,计算简单、容易理解,这是其他统计方法难以做到的;其次,它可以用到所

有数据的信息，并没有浪费数据。

276 为什么歌唱比赛用中位数评分更公平？

一曲《忐忑》唱遍大江南北，也让中国民族音乐歌唱家龚琳娜家喻户晓。"骨灰级"的粉丝可能记得，龚琳娜在 2000 年就已经获得了第九届 CCTV 青年歌手电视大奖赛专业组民族唱法银奖。当时比赛计分是去掉一个最高分，再去掉一个最低分，然后计算平均分，为什么要这么做呢？

采用这种评分方式可以避免一些评委的偏好，对选手较为公平。假设龚琳娜当时的得分为：9，12，15，17，21，30，那么这组得分的平均数约是 17.33，中位数是 16，中位数比平均数小；如果去掉一个最高分和一个最低分，那么平均数变为 16.25，中位数是 16；显然，去掉一个最高分和一个最低分后，平均数更接近中位数。中位数较平均数有一个优点，那就是中位数呈某种程度上的稳定性，不容易受到少数极端值的影响，所以，有时用它代表所有数据的平均水平更为合适。

事实上，中位数也是描述数据中心位置的概括统计量。将数据从小到大或从大到小排序，对于奇数个数据，中位数就是最中间的那个数据；对于偶数个数据，中位数是最中间的两个数据的平均值；也就是说，当中位数左边和右边的数据一样多时，只看中位数就可知道某个数据在整体中的水平。在进行经济数据分析时，中位数作为中心位置的度量，往往比平均数更具有实际意义和说服力。

277 为什么统计销量时要用众数？

你去买衣服的时候，也许会经常听到售货员说哪件衣服卖得最好，虽然你可能不会为之所动听从其推荐，但你可曾想到，卖得最好的衣服体现了统计学上的一个概念："众数"。日常生活中，诸如"最受欢迎"、"最满意"、"最具潜力"等，都与众数有关，反映了一种最普遍的偏好和倾向。

众数是在统计分布上具有明显集中趋势的数值，是在一组数据中出现频率最高的，也是数据的一种代表数（有时，众数不是一个具体的数值，例如：鸡、鸭、鱼、鱼、鸡、鱼，其众数是鱼），在一定程度上，反映了一组数据的集中程度。但一组数据中有可能没有众数，或是不止一个众数。例如，某快餐店的 10 家连锁店的季度销售数据如下：120、117、48、76、147、187、153、162、82、128，对于这组数据来说，就没有众数；再例如，某同学几次数学成绩如下：86、90、92、99、88、87、89、90、89、95，对于这组数据，众数就是89 和 90。然而，当一组数据差异很大时，即使有众数，但用众数代表该组数据却有欠妥当。

可见，众数并不是一个最好的统计数据，但是，相对于大量的分组数据或是定性数据，众数无疑是一种简单明了、具有说服力的统计量。例如，某高校的自动售货机，某天的销售数据如下：美年达 127瓶、雪碧 152 听、可口可乐 93 听、百事可乐 218 听、美之源 136 瓶、七喜 162 瓶，那么，这组数据的众数就是百事可乐，销售人员在下次订货进货的时候就可以此作为参考。

278 统计局为什么需要进行数据统计？

为了反映消费者购买商品和服务而付出的价格变动水平，国家统计局已经持续多年公布居民消费价格指数。通常情况下，国家统计局要公布一些重要城市的居民消费价格指数，就需要对这些城市的食品、烟酒及用品、居住、交通通信、医疗保健和个人用品、衣着、家庭设备和维修服务，以及娱乐教育文化用品及服务等八个部分的消费支出进行统计，也就是要进行数据统计。

统计局进行数据统计，主要是基于两个方面的需要：第一，统计数据是统计研究的出发点，是基础工作，所谓"皮之不存，毛将焉附"。统计数据是统计工作中取得的反映国民经济或社会现象的数字资料，以及与之相关的其他资料的总称，是对客观事物进行计量的结果。第二，数据杂乱无章又浩如烟海，按照不同的标准有不同的分类，如果不进行统计汇总，就很难"挖掘"到有价值的信息。数据按照被描述的对象与时间的关系，分为截面数据、时间序列数据和面板数据；按照计量标准的不同，又分为定类数据、定序数据、定距数据和定比数据。

2009 年四大直辖市的 GDP 截面数据　　（单位：亿元）

年　份	北　京	上　海	天　津	重　庆
2009	12153.03	15046.45	7521.85	6530.01

2009—2014 年上海市的 GDP 时间序列数据　　（单位：亿元）

年　份	地区生产总值
2009	15046.45
2010	17165.98
2011	19195.69
2012	20181.72
2013	21602.12
2014	23560.94

年　份	北　京	上　海	天　津	重　庆
2009	12153.03	15046.45	7521.85	6530.01
2010	14113.58	17165.98	9224.46	7925.58
2011	16251.93	19195.69	11307.28	10011.37
2012	17879.40	20181.72	12893.88	11409.60
2013	19500.56	21602.12	14370.16	12656.69
2014	21330.80	23560.94	15722.47	14265.40

　　具体来讲，截面数据就是同一时间点上不同主体的数据，比如，将 2009 年四大直辖市的 GDP 数据放在一起，就是一组截面数据（见上截面数据表）；与之相对的是时间序列数据，如上海市从 2009 年到 2014 年的 GDP 数据（见上时间序列数据表）。以上两者结合在一起就是面板数据，如 2009 年到 2014 年四大直辖市的 GDP 数据（见上面板数据表）。定类数据是按事物的某种属性，对其进行平行的分类或分组，如人口按性别分为男、女两类；按肤色分为白种人、黄种人、棕种人、黑种人四类。定序数据则指用数字表示个体在某个有序状态中所处的位置，例如，"受教育程度"（文盲半文盲 =1、小学 =2、初中 =3、高中 =4、大学 =5、硕士研究生 =6、博士及其以上 =7）。定距数据是对事物之间等级差别和顺序差别的一种测度，例如，30℃和 20℃之间相差 10℃；再比如 0 等星比 1 等星亮 10 倍，−1 等星又比 0 等星亮 10 倍。定距数据中没有绝对零点（定距数据中的"0"是作为比较的标准，不表示没有）。定比数据就是常说的数值变量，拥有零值且数据间的距离相等是被定义的，包括诸如身高、体重、血压等的连续性数据；也包括诸如人数、商品件数等离散型数据。

在统计数据的过程中，有一个很重要的问题，那就是统计数据质量，它直接关系到统计结果的准确性。统计数据的质量好坏，可以从统计数据的误差中体现出来。统计数据的误差，包括系统误差和随机误差，在数据统计的过程中，要注意尽量消除系统误差。

279 为什么调查资料经过整理后才可使用？

某市对当地的城镇居民家庭基本情况进行了调查，包括家庭的人口、就业人口、月收入、可支配收入和消费支出等项目，得到了大量的统计数据。但是，有的数据出现了不可能有的数值，例如家庭消费支出为零，有的数据缺失，有的数据前后矛盾。基于上述情况，对于得到的这些数据，就有必要进行整理，也就是说，在进行研究分析前，需要对调查所获得的资料预先进行整理。

统计资料的整理，是实现从个体单位标志值过渡到总体数量特征值的必经阶段，是从微观到宏观的飞跃，是统计分析的前提。统计数据的整理是指对所收集到的数据进行加工整理，使之系统化、条理化，以符合分析的需要，包括对原始资料的整理和次级资料的整理。对原始资料的整理，例如，将得到的数据中缺失的数据、错误的数据、矛盾的数据等进行剔除，然后计算得到平均每户家庭人口、平均每个就业者负担人数、人均可支配收入等次级资料；对于这些资料的进一步整理便属于次级资料的整理。

统计数据的具体整理过程，包括数据的预处理、分类或分组、汇总等几个方面；而相同的原始数据，采用不同的整理方法，所获得的整理资料可能会完全不同；在此基础上的统计分析，也就可能完全相反。在具体操作的过程中，需要针对不同的调查问题采取不同的整理方法，以便后续工作的进行。

280 我国为什么要定期进行人口普查?

我国是一个人口大国,这是我们的基本国情。随着经济社会的发展,我国人口的现状,无论是数量、素质还是分布结构,都发生了巨大的变化。而人口属于存量,只有通过定期的人口普查才能够把握这种变化,这对科学制定经济社会发展规划和有关政策,都具有十分重要的意义。从本质上讲,人口普查属于统计调查,要科学有序地进行人口普查,就需要对统计调查有全面的了解。

统计调查是根据调查的目的与要求,运用科学的调查方法,有计划、有组织地搜集数据信息的统计工作过程。统计调查要做到准确,如实反映情况才能为正确的统计分析和管理决策提供客观的依据;要及时反映,只有及时反映,才能保证统计资料的时效,提高统计资料的使用价值;要数字与情况相结合,做到全面反映,这样才能很好地满足决策部门的需要。依据不同的调查目的和要求,可以选择不同的调查方法。常用的调查统计方法有普查、抽样调查和统计报表等。

一般的统计调查都要经过如下步骤:明确调查问题,确定调查对象,选择调查方法,展开调查(收集数据、整理数据、描述数据),得出结论等。可见,统计调查是一项虽费时费力,却是很必要的社会工作。

281 为什么统计调查需要运用各种不同的统计方法?

某医院要进行对某疾病的调查研究,包括是否具有传染性、遗传性及其发病率等。在进行传染性调查时,就需要对调查对象经常接触的人群进行进一步关联调查;在进行遗传性的调查时,就需要对其家族进行调查；在进行发病率的调查时，就需要对某代表性区域内的所有人群进行全面调查。一般来说，统计调查时需要采用不同的统计方法。

常用的统计调查方法有周期性普查、抽样调查、统计报表、重点调查、典型调查、科学推算等，它们各有其特点和作用。例如，普查是专门组织的一次性全面调查，用来调查属于一定时点或时期内的社会经济现象，如人口普查。普查可取得被研究事物总体的全面情况，这是其他方法不能达到的。在实际工作中，并非只使用一种方法，而是多种方法的结合运用。这是因为，国民经济和社会发展情况复杂多变，国民经济门类众多，必须应用多种多样的统计调查方法，才能搜集到丰富的统计资料；任何一种统计调查方法，都有它的优点与局限，各有不同的实施条件，只用一种统计调查方法，并不能满足多种需要。

我国统计调查方法的目标模式，是建立一个以必要的周期性普查为基础，以经常性的抽样调查为主体，同时辅之以重点调查、科学推算和有限的全面报表综合运用的统计调查方法体系。

282 为什么统计体重数据需将男女分组计算？

高校每年都会对学生进行体能测试，旨在敦促学生养成锻炼身体的好习惯，提高身体素质，加强免疫力；也为了对全国大学生的身体素质状况有一个宏观的了解。体能测试一般包括：身高、体重、肺活量、立定跳远、握力、台阶试验等。如果你参加相关的测试，仔细观察后你会发现，一般来讲，除了台阶试验外，其他几项大部分的男生数据都要比女生大一些。这也从一个侧面揭示了男、女性生理结构的差异。由于体能测试对男女生有不同的标准，所以就有必要进行统计分组。比如在统计体重时，就有必要将男女生分开计算。

统计分组是根据统计的研究目的、要求和总体的内在特征，按照某一或某些标志，把统计总体划分为性质或类型不同的若干个组的统计方法。在统计体重时，将男女生分组就是一个典型的例子。进行统计分组，有利于研究总体内部的结构。如通过统计分组，可以反映各组之间的差别和相互关系，从而使对总体的认识得到深化；也可以根据组间影响因素和结果因素之间的对应，更好地揭示组与组之间存在的依存关系。

283 直方图是如何在统计中直观清晰地表示数据分布情况的？

在房地产业，要直观地显示对不同面积房屋的需求，常会用到直方图。例如，2008 年武汉市春季房交会期间，某公司对参加本次房交会的消费者进行了随机问卷调查，共发放 1000 份调查问卷，收回 960 份，根据调查问卷，将消费者打算购买住房的面积的情况整理后，绘制了下图来表明不同面积住房的需求人数。

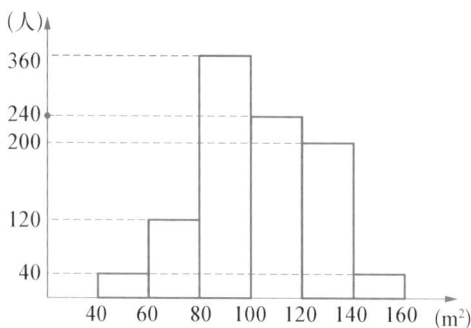

对不同面积住房的需求人数图

注：每组包含最小值不包含最大值，且住房面积取整数。

上图就是直方图。直方图又称柱状图、质量分布图，是一种统计报告图。它由一系列高度不等的纵向条纹或线段表示数据分布的情况，一般用横轴表示数据类型，纵轴表示分布情况。用统计学的语言说，将一个变量的不同等级的相对频数用矩形块标绘的图表（每一矩形的面积对应于频数），就叫直方图。

由于直方图能够直观地对比观测对象之间的大小关系，因而在统计中运用得比较广泛。例如：宏观经济学家如果想要调查一个家庭收入与消费的关系，生产工作人员需要分析生产过程中某项产品的质量分布情况，公司对于产品的市场消费调查，等等。面对这类庞大的数据，图表的形式通常会比枯燥抽象的阿拉伯数字更直观、更容易让人理解它们的意思。

再举个简单的例子，如果我们要比较小明和小丽的身高，只需要让小明和小丽背对背紧紧地靠在一起就能直观地看到；但如果想比较一下小明和小丽的体重，就很难直观地一眼看出来，此时我们需借助人体秤之类的器具。同理，在对类似金额、硬度、长度、时间等抽象的计量值进行比较时，我们往往需要采用直方图的方法。

284 为什么折线图更能体现个体变化趋势？

尽管直方图能够直观地对比出观测对象之间的大小关系，但是，当我们想要研究个体变化趋势的情况时，折线图是比直方图更好的一种分析工具。

所谓折线图，就是将变量在不同时间点下的值用直线连起来后的图形。折线图可以显示随时间（根据常用比例设置）而变化的连续数据，因此非常适用于显示在相等时间间隔下数据的趋势。在折线图中，类别数据沿水平轴均匀分布，所有数据沿垂直轴均匀分布。当有多个系列时，尤其适合使用折线图。如果有几个均匀分布的数值标签（尤其是年份的表示），也应该使用折线图。如果拥有的数值标签多于10个，则应该改用散点图。

下面两图是 1986－2001 年间我国 GDP 的情况，我们分别画出它的直方图和折线图，来比较一下不同分析工具在描述数据方面各有什么特点。显然，单就折线图我们可以看出，从 1986 至 2001 年，我国 GDP 呈逐步上升的变化趋势，尤其是从 1991 至 1997 年，GDP 发展迅猛。而若将两图进行对比：直方图形象、直观、准确地描述了各年

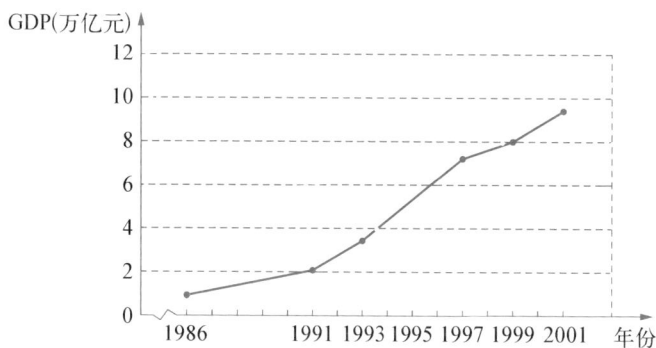

GDP的折线图

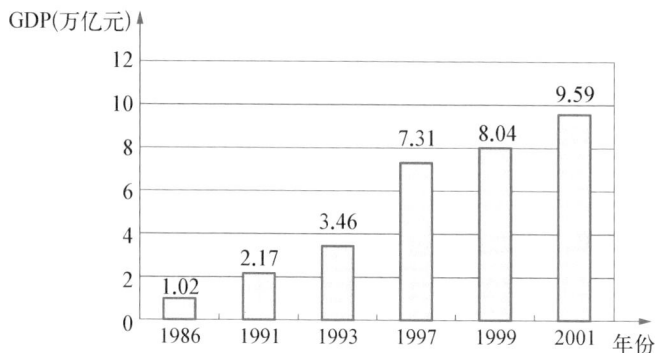

GDP的直方图

份数据之间的差别；而折线图更形象、直观地体现了各年份数据的变化趋势。

可以说，如果是针对不同时间的同一对象，为了比较不同时间之间的差别，应该采用直方图；如为了反映同一对象的变化趋势，应该采用折线图。例如，我们想知道近几年来汽车保有量的变化趋势，公司管理者想知道这几年产品的销售情况变化等，均可以采用折线图。

285 为什么农民会在春天耕种，秋天收获？

自然界和社会上发生的各种现象是多种多样的，其中有一些现象是在一定条件下必然发生的。例如，向空中抛一枚石子必然下落；同性电荷必不相互吸引；在标准气压下，水会在 100℃ 沸腾；农民在春天耕种，秋天就能收获；每天太阳会从东方升起，从西方降落；月亮绕着地球转，地球绕着太阳转。对于这些在一定条件下会反复出现的现象，统计学中称其为"必然事件"。而这类事情，不管它们重复多少次，我们总是能事先知道它们的结果，也就是说，必然事件的概率一定是 1。

必然事件的概念，为人们预防或者促进某些事件的发生提供了可靠的依据。例如，青少年摄入充足的钙有助于他们身体发育，因而，在获得充足的日照等其他条件不变的情况下，让孩子们每天喝牛奶会令他们身高增加。为此，现在各国都注重少年儿童的喝奶问题；今天在我国，在政府和社会的资助下，再困难的家庭都可以让孩子喝到奶。

286 同时上抛两枚硬币，会有几种结果？

某日，一学生掷硬币以决定是玩耍还是学习：正面朝上就去看电影；背面朝上就去打台球；如果硬币立起来，就去学习。

在这个过程中，我们注意到，实验是在一定目的下进行的；围绕着这个目的，我们可以观测到多个结果。事实上，实验的全部可能结果，在实验前就已经明确，或者说，我们不能确定是某个具体的值，但我们可以确定实验结果是在某个范围之内。

所谓样本空间，就是指由随机试验的一切可能出现的基本结果所组成的集合。例如，掷一枚硬币会出现三种结果（正面朝上、反面朝上或直立）就是我们掷硬币的样本空间。样本空间中的每个元素，或者说试验中的每一个可能的结果，被称为样本点。例如，掷硬币中的"正面朝上"、"反面朝上"或"直立"即是掷硬币试验的样本点。同样地，掷两枚硬币 A 和 B，一共会出现九种情况：A 正 B 正、A 正 B 反、A 正 B 直、A 反 B 正、A 反 B 反、A 反 B 直、A 直 B 正、A 直 B 反、A 直 B 直；其样本空间便是 {（正、正），（正、反），（正、直），（反、正），（反、反），（反、直），（直、正），（直、反），（直、直）}。

实际情况是，在进行随机试验时，我们往往会关心满足某种条件的那些样本点所组成的集合。例如：我们规定，能持续使用 500 个小时以上的电灯泡才算是合格品，那么，我们的条件就是灯泡的寿命 t，是否满足 $t>500$，样本空间将被我们分成两个部分，其中，我们需要的那一部分便是 $\{t|t>500\}$。

287 小明的高考成绩与他的平时成绩有关吗？

小明平时成绩很好，一直都是班上的第一名，据此我们可以推断，小明参加高考很可能以一个非常高的分数被名牌大学录取；也就是说，小明的高考成绩与他的平时成绩是密切相关的。这个推断就涉及了相关性的概念。

所谓相关性就是指事物或现象之间的联系。即当一个变量的数值发生变化时，会按照某种规律引起另外一个变量的数值在某个范围内变化。变量之间的关系主要分为三类：第一类是正相关关系。即两个变量中，一个变量增大，另一个变量对应值也随之增大；或一个变量值减小，另一个变量对应值也随之减小，两列变量变化方向相同。比如，国民收入和人均消费的相关，口袋里的钱多了，自然消费也多了；又比如，学生的学习成绩与其付出的努力的相关，成绩好的学生往往付出的努力也多。第二类是负相关关系，即两个变量中，一个变量增大，另一个变量对应值则随之减少；或一个变量值减小，另一个变量对应值则随之增大，两列变量变化方向相反。比如说，商品销售量与商品价格的相关，价格越高，销售量越小。第三类是零相关关系，即两个变量值的变化方向不相关。如学生的体重与学生成绩的变化关系。

我们通常用相关系数来描述事物或现象之间相关程度的强弱、变化方向的量数。相关系数 r 的取值范围是 $-1 \leqslant r \leqslant 1$，一般取小数点后两位。$r$ 的正负号表明两变量间变化的方向；$|r|$ 表明两变量间相关的程度。$r > 0$ 表示正相关，$r < 0$ 表示负相关，$r = 0$ 表示零相关。$|r|$ 越接近于 1，表明两个变量相关程度越高，它们之间的关系越密切。